Warten auf Frauen

Moritz Petz

Warten auf Frauen

Eine Liebeserklärung
an einen untragbaren Zustand

Mit Zeichnungen von Jana Moskito

SCHWARZKOPF & SCHWARZKOPF

Inhalt

1. KAPITEL

Wie alles begann

Eines im Prinzip schönen Tages stehe ich mit meinem Sohn Jan mitten in der Münchner City und verziere die Landschaft. Im Prinzip: Nun ja, es ist Sommer, doch nicht übertrieben heiß. So weit ein ganz angenehmer Tag, bis jetzt. Allerdings stehen wir nicht irgendwo in der City herum, sondern vor einem DU KAUFST DAS JETZT!-Markt. Und wir stehen da auch nicht, weil wir sonst nichts Besseres zu tun hätten. Sondern weil wir auf meine Frau und meine Tochter warten, die beide im besagten Billigramschgeschäft verschwunden sind.

»Sag mal, Papa«, fragt Jan, »was machen die beiden da drin eigentlich? Da gibt's doch nur Tinnef. Und Talmi.«

Woher hat der Junge diese Ausdrücke?, denke ich verblüfft, lasse mir jedoch nichts anmerken. »Ich glaube, sie betreten unendliche Weiten, die noch nie ein Mensch zuvor gesehen hat«, erwidere ich finster, auf seine aktuelle Lieblingsserie anspielend.

»Da ist doch ständig jemand drin«, sagt mein Sohn fantasielos. »Von wegen, noch nie jemand betreten hat. Und drinnen sind alles nur Frauen. Oder Mädchen. Und hier draußen stehen die Männer herum und warten auf sie. So wie wir.«

Er hat recht. Wir warten ganz und gar nicht allein.

»Das, mein lieber Jan, ist der Lauf der Dinge«, sage ich altersweise. »Du wirst wahrscheinlich auch noch einige Zeit in deinem Leben damit verbringen, herumzustehen und auf Frauen zu warten. Oder Mädchen.«

»Nie! Außer, ich bin mit euch unterwegs«, meint Jan im Brustton der Überzeugung. (Er ist in dem Alter, in dem Jungen Mädchen noch eher doof als interessant finden. Außerdem ist er schwestergeschädigt.)

»Was machen wir denn jetzt?«, setzt er nach. Ich muss mir also etwas einfallen lassen. Ein Spiel.

»Hm … Okay. Pass auf, wir wetten, wer von den beiden zuerst wieder herauskommt. Deine Mutter oder deine Schwester. Du hast die Wahl, auf wen du setzen willst.«

»So wie beim Pferderennen?«

»Ähm … ja, genau so. Oder wie beim Roulette.«

Er überlegt kurz. Schließlich sagt er: »Also ich setze auf Mama!«

Wie er zu dieser Entscheidung kommt, kann ich mir beim besten Willen nicht vorstellen. Vielleicht vermutet er, dass Simone, nur wenig älter als er, sich noch mehr von dem gesammelten Glitzerkram gefangen nehmen lässt als seine Mutter. Auf jeden Fall scheint er sich seiner Sache sicher zu sein.

»Okay. Dann setze ich auf Simone.«

»Entschuldigen Sie«, sagt ein Mann mit einem halben Dutzend Einkaufstüten neben mir, »ich habe gerade gehört, dass Sie eine Wette veranstalten. Kann ich da mit einsteigen? Ich würde dann auf meine Frau setzen.«

War klar. Er hatte dort schon gestanden und wer weiß wie lange gewartet, als wir eben ankamen. Aus seiner Sicht wahrscheinlich ein sicherer Sieg. Bevor ich jedoch etwas sagen kann, springt Jan, geschäftstüchtig wie immer, schon darauf an.

»Klar«, sagt er. »Es geht um einen Euro!«

Wir hatten zwar nur um 50 Cent gewettet, was dem Mann sicher nicht entgangen ist. Doch kramt er jetzt tatsächlich einen Euro heraus. Während ich ihn in Empfang nehme, habe ich leider keine Zeit, Jan aufzuhalten, der jetzt seinerseits die anderen wartenden Männer zu Wetteinsätzen animiert. So bildet sich bald eine gespannt wartende Traube von Wettern vor dem Geschäft, wo sich vorher nur gelangweilt vor sich hinstarrende Männer die Beine in den Bauch standen. Die meisten murmeln leise Beschwörungen und recken die Hälse, um den Spielverlauf im Markt zu verfolgen. Manch einer versucht, sich heimlich abzusetzen, um sich in das Geschäft zu schleichen und seine Lebensgefährtin dazu zu bringen, den Markt sofort zu verlassen, was jedoch von den anderen Wartenden unnachgiebig unterbunden wird. Die Spannung steigt. Neuankommende Männer werden informiert und zu Wetteinsätzen genötigt, auch wenn ihre Chancen natürlich den anderen Wartenden gegenüber geringer sind. Einerseits. Andererseits aber weiß man natürlich nie, was einer Frau plötzlich in den Kopf kommt. Was sie unvermittelt so begeistert, dass sie wie hypnotisiert stundenlang das Objekt ihrer Begierde begutachtet, es hin und her dreht und wendet, davon träumt, es zu besitzen, und es schließlich beiseitelegt. So gesehen ist tatsächlich alles offen.

Bald liegt der Jackpot bei etwas über zwanzig Euro, und Jan, hibbelig von einem Fuß auf den anderen tretend, rechnet durch, was er davon alles kaufen kann. Dabei betet er leise »Mama, jetzt komm doch endlich, los jetzt, Mama komm schon raus!« vor sich hin.

Die Sonne brennt. Die Füße beginnen zu schmerzen. Der Rücken wird lahm. Die Mienen der Männer verdüstern sich. Verzerren sich angestrengt. Schweiß fließt in Strömen herunter – als plötzlich meine Frau und Simone im Eingang erscheinen, sich beide gedankenverloren langsam, sozusagen in aller Gemütsruhe, durch das herumliegende Zeug kruschtelnd. Simone links am Eingang, ihre Mutter Claudia rechts. Offensichtlich haben sie sich aus den Augen verloren, genauso wenig bemerken sie jetzt das Drama, das sich nur wenige Meter von ihnen entfernt abspielt. Zufall, dass beide jetzt zugleich wieder auftauchen.

Aber noch, noch haben sie keinen Fuß nach draußen gesetzt. Noch nicht.

Ich forme in meiner Hosentasche mit einer Hand eine kleine Kugel aus Kaugummipapier. Mit der anderen versuche ich Jan zu bändigen, der auf und ab springt, mit den Armen wedelt und versucht, die Aufmerksamkeit seiner Mutter zu erringen. Gut so, mein Sohn, das lenkt die anderen Männer ab. Jetzt geht es ums Ganze. Ich schnippe die Papierkugel mit der Rechten aus der Hüfte. Und wundersamerweise treffe ich Simone an der Wange.

Sie sieht hoch. Sieht mich. Den mühsam gebändigten Jan. Schüttelt irritiert den Kopf. Macht aber einen Schritt auf uns zu.

Einen zweiten. Es fehlt nur noch ein dritter, ein winziger Schritt bis über die Ziellinie. Ich bin einer Ohnmacht nahe. Neben mir tobt lautlos Jan. Claudia wühlt vertieft in einem Warenkorb mit Glitzertüchern. Bitte, Monchen, nur ein Schritt, nur noch ein einziger Schritt …, flehe ich lautlos.

Sie schaut sich um. Und das Wunder geschieht: Sie über-sieht ihre Mutter – zwischen ihnen steht ein hoher Ständer mit Diddlmauskarten – und tut ihn endlich, den bis jetzt wichtigs-ten Schritt in ihrem Leben, gegen den alles andere, erster Zahn, erstes Wort, Einschulung, Konfirmation, verblasst.

»Simone, da bist du ja!«, rufe ich und stürze auf sie zu, sie kräftig herzend zum Zeichen, dass mein Gaul gewonnen hat. Hinter mir höre ich das unzufriedene Murren der Verlierer und das kräftige »Mist! Mist! Mist!« meines Sohnes.

»Ähm … hallo? Wie jetzt? Geht's noch?«, fragt mich meine Tochter irritiert, worauf ich nicht weiter eingehe. Souverän drehe ich mich stattdessen zur frustrierten Truppe der Verlierer und sage:

»Gentlemen, ich danke für Ihre Einsätze.«

Große Beachtung finde ich allerdings nicht mehr. »Ich über-nehme!«, sagt der hoffnungslose Optimist, der sich als Erster der Wette zwischen mir und meinem Sohn angeschlossen hat, aber im Grunde natürlich nie den Hauch einer Chance gegen meine hinreißende Tochter hatte. »Ihre Einsätze bitte!«

Etwas später sitze ich mit meiner Familie in einem Café, wo wir uns mit extragroßen Portionen Eis vollstopfen. Claudia betrachtet mich nachdenklich. Ich weiß genau, dass sie, prinzipiell einen Hauch misstrauisch und katzenneugierig, über meinen plötzlichen Anfall von Großzügigkeit nachdenkt, in dem ich alle eingeladen habe. Ganz zu schweigen davon, dass ich mit lauter Eineuromünzen gezahlt habe. Doch beachte ich die Gefahr nicht, noch immer euphorisiert von meinem Wettsieg.

Als er fast fertig ist mit seinem Eis, hebt mein Sohn Jan jedoch den Kopf, beäugt mich kritisch und fragt:

»Du, Papa, warten Männer wirklich immer auf Frauen? Und warum? Muss das sein?«

Ich werfe einen Blick auf Claudia, die die Stirn runzelt, was die bedrohliche Vorstufe zum Hochziehen der Augenbraue ist, dem meist ein ernsthaftes Gespräch folgt.

»Ja. Das muss sein«, gebe ich mich nach außen ungerührt. »Das gehört irgendwie dazu, weißt du.«

»Und warum?«, insistiert Jan weiter. »Was macht man, wenn man warten muss? Immer wetten wie wir vorhin? Und was machen eigentlich die Frauen dann immer?«

Wetten wie wir vorhin. Ich muss nicht einmal hinsehen, ich weiß, die Augenbraue geht hoch.

Die Zusammenhänge also will er wissen, dieser vorlaute Rotzlöffel, dem ich nur einen Hinweis fürs Leben hatte mitgeben wollen und der mir gerade eine nachhaltige Erziehungsdiskussion mit Claudia eingebrockt hat. Es sollte ja nichts weiter als ein Denkanstoß sein. Aber alle Zusammenhänge? Darüber muss ich wirklich einmal selbst nachdenken.

2. KAPITEL

Erleuchtung

Wenn man anfängt, sich – zum Beispiel – für Eulen zu interessieren, dann sieht und hört man plötzlich überall Eulen. Oder Eulenähnliches. Dann wird man sich auch irgendwann, scheint's vom Schicksal selbst gedrängt, vor allem um Eulen kümmern. Das Leben wird eulenhaft, ob man will oder nicht. Man fängt an, sich mit ihnen zu identifizieren, guckt und gluckst hinterher wie eine und sieht plötzlich das Leben aus Eulenperspektive. Das muss irgendein Mechanismus sein, über den ich mir noch nicht ganz klar geworden bin.

Ein paar Tage nach unserem Eisessen in der City spülte mich ein plötzlicher Regenguss in ein Antiquariat, als ich eben auf meine Tochter wartete, um sie vom Gitarrenunterricht abzuholen. Ohne wirklich interessiert zu sein, wühlte ich mich ein wenig durch die Bücher – wobei mir einfiel, dass ich schon wieder wartete.

Dann aber riss mich eine Stimme aus meiner Hypnose.

»Där Härr haben etwas gefunden?«, sagte sie. Neben mir stand ein verwittertes Hutzelmännchen mit schlohweißen Haaren.

»Nein … eigentlich nicht. Oder sagen wir – haben Sie etwas zum Thema Warten?«

»Wartän?«, schnarrte das Männchen. »Worauf?«

»Auf Frauen.«

Er begutachtete mich von oben bis unten, und etwas Mitleidiges trat in seinen Blick.

»Sie habän keine …«

»Doch, doch«, beeilte ich mich zu sagen. »Sogar zwei, so gesehen. Noch eine Tochter.«

Er fuhr sich mit der Hand über das Stoppelkinn.

»Verstähe«, sagte er. »Das heißt, viel wartän, viel, viel wartän …«

»So ungefähr.«

»Nein. Zu diesem Thema gibt es nichts.«

»Nichts?«

»Gar nichts.«

»Warum nicht?«, fragte ich dümmlich.

»Ist sich ganz einfach«, sagte er, während ich, aus welchem Grund auch immer, unvermittelt an Piroschka denken musste.

»Männär kaufen nur Ratgebär für Technik. Wänn überhaupt schon. Sonst glauben sie, sie haben schon Ratgebär an ihrer Seite und müssen sowieso tun, was Ratgebär sagt. Warum dann noch kaufen?«

»Das leuchtet ein.«

»Äben.«

»Aber im Grunde verkaufen sich Ratgeber doch ganz gut – oder?«

»Frauän kaufen«, sagte er. »Sind schlauer. Wollen immer wissen, wie Männer ticken, und warum. Und ob man andärs einstellen kann. Wollän immer auf Laufendän sein. Immer wissen, was Jungs jetzt wieder ausbrütän und was man dagegen tun kann.«

Da es draußen unvermindert weiter goss und stürmte, blieb ich noch, und das Männchen bot mir sogar einen Tee an, den ich dankbar annahm. Ich setzte mich in den Sessel neben der Kasse, er nahm einen gefährlich ächzenden Korbsessel, schlürfte Tee und beäugte mich aus zusammengekniffenen Augen.

»Haben Sie geläsen britische Untersuchung?«, fragte er.

Ich schaute verständnislos.

»Haben geschrieben, jedär Mann wartet ein Jahr seines Läbens auf Frau odär Freundin. Im Durchschnitt. Steht 22 Wochen seines Läbens herum vor Umkleidäkabinen. Wartet im Auto noch mal eine Woche auf sie. Sechs von zehn Männern haben gesagt, sie würden wägen Warterei noch einmal verrückt. Einer von zehn hat sich schon gätrennt wegen Wartän auf Frau.«

Schon, dachte ich. Aber was ist mit den übrigen dreien? Hatten sie resigniert? Waren sie ausgewandert? Oder notorische Junggesellen geworden?

»Ehrlich gesagt, mir kommt ein Jahr viel zu wenig vor«, sagte ich. »Wenn ich mal alles so überschlage ...«

Er nickte.

»Viel zu wänig. Denken Sie nur schon an Kindheit und Jugänd.«

Wirklich, ein weiser Mann. Während draußen der Regen eimerweise niederging, dachte ich daran, dass eigentlich schon damals alles angelegt worden war. Ich hatte es bloß nicht begriffen. Es war wie eine Erleuchtung. Doch, jetzt wurde mir klar, warum ich gerade eine ganz besondere Kindheitserinnerung nie losgeworden war. Die Erinnerung an einen sonnigen, warmen Tag, als ich die Sandkiste stürmte.

3. KAPITEL

Sandkiste

Der Tag hatte schon schlecht angefangen. Dabei war ich morgens aufgewacht und hatte den perfekten Plan im Kopf, endlich den Schwarzen Ritter zur Strecke zu bringen – ein Unterfangen, an dem sich schon Generationen von mutigen Kämpfern die Zähne ausgebissen haben. Irgendwie ist der Mann nicht tot zu kriegen, aber ich weiß, ich war der Erste, der es hätte schaffen können. Claudia verhinderte es. Ihr, meiner Sandkastenliebe, ist es zu verdanken, dass der Jungfrauen verschleppende Unhold noch heute sein Unwesen treibt.

Ich stürzte also mit meinem genialen Plan aus dem Bett und stürmte ins Schlafzimmer meiner Eltern, um mein edles Ross (= meine Mutter) in Gang zu setzen. Unerklärlicherweise war sie jedoch dagegen, morgens um halb sieben auf den Spielplatz zu gehen, um dem Ritter aufzulauern und besonders natürlich Claudia und ihr extracooles Sandkistenequipment abzupassen. Sie versprach, der Ritter würde später auch noch da sein, oder vorbeischauen, aber natürlich hatte sie als Königin keine Ahnung von Männerangelegenheiten. Ernüchtert schlich ich zurück in mein Zimmer und wartete wie auf glühenden Kohlen darauf, dass sie endlich das Zeichen zum Aufbruch gab, damit ich in die Schlacht ziehen konnte. Der Kampf konnte schließlich nicht anders als siegreich enden, und ich stellte mir als Lohn den bewundernden Blick aus den strahlend blauen Augen meines Burgfräuleins (Claudia) vor, mit dem sie mich anhimmeln würde, während sie meine schweren Verletzungen versorgte, von denen ich dann behaupten würde, es wären bloß ein paar Kratzer. So ungefähr.

Es dauerte geschätzte zwei Ewigkeiten, bis wir uns endlich auf den Weg machen konnten. Meine Königin musste nach dem Frühstück noch abräumen und außerdem, aus welchem unerfindlichen Grund auch immer, noch den brüllenden Drachen anwerfen, mit dem sie den Boden saugte. Reine Zeitverschwendung. Meine Laune sank, während ich wartete.

Eine weitere Ewigkeit kam noch hinzu, bis Claudia dann endlich am Spielplatz auftauchte. Das verstand sich schon fast von selbst. Meine Stimmung erreichte allerdings den Tiefpunkt, als kurz nach ihr der Pullunderjunge Björn erschien (der Schwarze Ritter hingegen zeigte sich nicht). Björn trug immer Pullunder, bei Regen, Wind und Schnee genauso wie bei dreißig Grad im Schatten. Nach Aussage der entzückten Spielplatzmütter war er ein besonders *hübscher* Junge, und überdies noch so *brav* und *wohlerzogen*. Ich fand einfach bloß, dass er ein angeberischer Streber war und ziemlich fantasielos. Tagein, tagaus baute er immer die gleiche Burg, und die einzigen Neuerungen, die ihm einfielen, guckte er bei mir ab. Außerdem war er mein Rivale bei Claudia.

Kurz darauf geschah es. Ich wollte mir Claudias blaues Eimerchen schnappen, doch irgendwie stellte ich mich dabei wohl nicht allzu souverän an. Jedenfalls zog ich es ihr heftig über den sorgsam gezogenen Scheitel, und nachdem sie sich mit einem kurzen Seitenblick versichert hatte, dass ihre Mutter schon besorgt guckte, warf sie ihre Sirene an. Sie heulte, dass der Sandkasten bebte, und ihre und meine Mutter stürzten wie auf Kommando los. An dieser Stelle wäre vielleicht noch einiges zu retten gewesen, wenn ich zum Beispiel eine Entschuldigung hervorgewürgt hätte. Dagegen sprachen aber gleich mehrere Gründe. Erstens war es keine Absicht gewesen, und ich fand nicht, dass ich mich für etwas entschuldigen musste, was ich nicht gewollt hatte und ganz klar ein Versehen war. Zweitens heulte Claudia sowieso alle zehn Minuten los, was ich bisher großzügig übersehen hatte, weil ich mir sicher war, dass sich das geben würde, sobald wir heirateten. Drittens aber, und das war das Entscheidende, hatte sich Björn in die Bresche geworfen, tröstete sie und spielte sich als Mädchenversteher auf. In Björns Anwesenheit aber hätte ich mich *nie* entschuldigt. So etwas geht gegen jede Jungenehre. Doch die Königin, die nun gerade mit erhobener Stimme »Moritz Petz! Was hast du jetzt schon wieder angestellt?«, sagte, hatte von solchen Feinheiten natürlich keine Ahnung. Ich blieb also verstockt und entschuldigte mich nicht (obwohl mir ziemlich elend war), während Björn überlegen etwas Sand aus seinem karierten Pullunder klopfte und vertraulich den Arm um mein Burgfräulein legte, das hemmungslos schluchzte, um bei ihrer Mutter zur Entschädigung für die erlittene Unbill ein Eis herauszuholen.

An diesem Tag wurde ich zu wenigstens zwanzig Jahren Warten verurteilt, und das auch noch, ohne es zu wissen. Dieser Sandkastenvorfall nämlich sorgte dafür, dass Claudia sich später für Björn entschied. Jedenfalls bin ich sicher, dass die Eimerchenaffäre, die Claudia selbstverständlich detailgenau abspeicherte (Frauen können so etwas vermutlich schon ab vier Jahren, vielleicht auch ab drei), später den Ausschlag gab. Nicht Claudia und ich heirateten wie verabredet, sondern sie und Björn. Wahrscheinlich warf für Claudia mein frühkindlich grausames und brutales Vorgehen in der Sandkiste, der gierige Griff nach dem Eimerchen, der Schlag gegen ihr blond gelocktes Köpfchen und insbesondere natürlich meine Weigerung, mich zu entschuldigen, ein typisches Schlaglicht auf meinen rücksichtslosen Charakter. So ungefähr muss es gewesen sein.

Offiziell machte ich an ihrem Hochzeitstag sicher auch keine Punkte mit meinen Geschenken. Claudia bekam von mir ein rosa Schweinchen, das aus einem blauen Eimerchen hervorlugte und die Aufschrift »Viel Glück! Du kannst es brauchen!« trug. Björn bekam einen kackbraunen Pullunder mit schmalen gelben und blauen Streifen. Geschlagene vier Stunden hatte ich gebraucht, um den mit Sicherheit scheußlichsten Pullunder der gesamten Hemisphäre aufzutreiben. Ich fand ihn schließlich in einem Secondhandgeschäft unter der Aufschrift »Wie neu – ungetragen«.

Wie jeder normale Mann hatte ich mich natürlich nur unter dem Druck außergewöhnlicher Umstände in diesen Einkaufsmarathon begeben. Aber mir war klar, dass Björn, der sich schon immer durch einen Geschmack ausgezeichnet hatte wie ein in seine Kotkugel verliebter Pillendreher, sich durch nichts davon abhalten lassen würde, diese materialisierte Abscheulichkeit zu tragen. Für ihn war es so etwas wie eine Trophäe, ein Zeichen meiner Kapitulation. Für mich dagegen die Saat des Bösen. Ich wusste, dass Claudia Anfälle bekommen würde, wenn sie das exquisite Oberteil an ihm sah. Und dass Björn im Gegenzug bockbeinig darauf bestehen würde, ihn zu tragen. Sogar, dass es sein Lieblingspullunder werden würde.

Wer übrigens vermutet, dass eine Frau hinter meiner Geschenkidee steckte, hat recht. Es war Andrea, meine platonische Freundin. Aber das ist eine andere Geschichte. Ich erwähne es bloß, weil ich mich nicht mit fremden Federn schmücken will. Oder Pullundern.

4. KAPITEL

Alles meins!

Männer pflegen ihre Wartezeit auf die Richtige damit auszufüllen, dass sie sich erst einmal mit der Falschen beschäftigen. Das tun wir aus mehreren Gründen. Zum einen ist bloßes Herumsitzen langweilig. Zweitens trainieren wir instinktiv für die Richtige. Wir wollen fit werden, damit unser eigentliches Nonplusultra später kein zu leichtes Spiel hat. Schließlich finden wir auch nicht, dass wir unserer in Wirklichkeit Auserwählten allzu deutlich auf die Nase binden sollten, dass sie uns mit ihrer Zurückweisung ziemlich getroffen hat.

Außerdem glauben wir allerdings auch alle fünf Minuten, jetzt gerade der Richtigen begegnet zu sein.

Man sieht, wir haben es auch nicht leicht.

Nachdem ich also bei Claudia erst einmal abgemeldet war, stürzte ich mich mit Begeisterung in den Geschlechterkampf. *Alles meins!*, dachte ich, wenn ich eine Diskothek, einen Supermarkt, eine Kneipe, ein Kino betrat. So viele tolle Frauen, und ich muss nur aussuchen! Hurra, das Leben ist schön.

Das stimmt natürlich. Das Leben ist wirklich schön, besonders für Masochisten. Nach einiger Zeit jedenfalls war ich schon mal so weit, das *Alles meins!* aus meinem Vokabular zu streichen. Zuweilen stand ich sogar zweifelnden Blickes vor dem Spiegel – mindestens mal eine halbe Minute – und überlegte, was an mir nicht stimmen mochte. Es kann ja sein, dachte ich in meinem jährlichen Anfall von Selbstkritik, dass ich mit den aktuellen Hollywoodhelden nicht so ganz mithalten kann. Bloß wenn ich mir die anderen Jungs so ansehe, dann gilt das doch auch für sie. Wie machen die das also? Ich löste schließlich auch keine Schockwellen des Abscheus aus, wenn ich harmlos durch die Fußgängerzone schlenderte, oder? Und trotzdem punktete ich einfach nicht bei meinen jeweils gerade aktuellen Herzensköniginnen, ganz gleich, welche Masche ich ausprobierte. Denn natürlich informierte ich mich bei meinen Jungs – sämtlich liiert! –, wie sie es anstellten, und probierte alles durch, wobei ich mich innerhalb von Monaten vom Westernhelden und lonesome Wolf über den Künstlertypen und harten Beschützerkerl bis zum Frauenversteher durcharbeitete.

Alles ohne Erfolg.

»Was, um Himmels willen, wollt ihr denn eigentlich?«, fragte ich verzweifelt eines Abends in der Kneipe meine beste – versteht sich: platonische – Freundin Andrea. »Also langsam weiß ich nicht mehr weiter. Alles guckt schon doof, weil ich keine abkriege. Niemand versteht's. Hab ich irgendwie Ausschlag oder Mundgeruch oder so was, und es will mir bloß niemand sagen?«

Sie legte das Köpfchen schief.

»Moritz«, sagte sie, »du bist einfach zu verkrampft. Entspann dich mal! Man merkt einfach zu deutlich, worauf du hinauswillst.«

»Was?!«, kreischte ich. »Worauf ich hinauswill? Worauf denn? Auf irgendwas besonders Komisches? Gefährliches? Perverses? Ist ja wohl nicht wahr. Ich will doch bloß das, was alle anderen auch wollen!«

»Das kann schon sein«, sagte sie lässig. »Aber auf so eine verzweifelte Art. Du wirkst ... wie soll ich das sagen ... so *anstrengend* irgendwie.«

»Anstrengend?« Ich schnappte nach Luft. »Was, zum Teufel, ist an mir anstrengend? Ich höre zu. Fast immer. Ich bin sogar witzig. Na ja, immerhin manchmal. Ich baue keinen Mist, der über das gesellschaftlich akzeptierte Maß hinausgeht. Meistens jedenfalls nicht. Ich sehe auch nicht aus wie Frankenstein. Oder nur, wenn ich eine blöde Nacht hatte. Ich habe Fantasie und außerdem viele Interessen. Und ich kann auch noch geistig verarbeiten, was man mir zunuschelt ... So what?«

»Ich weiß«, sagte Andrea mit einem Anflug von Trauer in der Stimme. »Ich streite ja gar nicht ab, dass du ein ganz annehmbares Exemplar Mann bist. Ernsthaft. Aber du musst zugeben, dass dir eine gewisse Leichtigkeit fehlt.«

»Aha«, sagte ich säuerlich. »Das wollt ihr Mädels also. Leichtigkeit?«

»Na ja, nicht nur. Aber auch. Das Leben soll doch Spaß machen. Außerdem«, fügte sie dann kryptisch hinzu, »solltest du daran denken, das Mädels wie Katzen sind.«

»Wie Katzen?«

»Ja. Aber sag mal – wie findest du eigentlich den Burschen da drüben, den da in der blauen Jacke?« Ich warf einen Blick über die Schulter.

»Sieht aus wie von der Müllabfuhr«, meinte ich finster.

»Ja ... romantisch irgendwie«, sagte sie ohne hinzuhören. Und war schon verschwunden.

Jeder Mann sollte eine beste Freundin haben. Sie ist die Spionin im feindlichen Lager und sie wäscht einem den Kopf, wenn man doof war. Außerdem kann sie einen, sogar wenn sie ganz unkonzentriert ist, auf den rechten Weg führen. Ganz nebenbei. Dieses Kneipengespräch jedenfalls änderte für mich schlagartig alles, obwohl mein Restabend äußerlich bloß darin bestand, sinnlos in mein Glas zu starren. Doch innerlich arbeitete es in mir. Soso, dachte ich, verkrampft! Ha! Dass ich nicht lache! Ich war noch nie so entspannt im Leben wie gerade jetzt, und ich haue jedem in die Fresse, der das Gegenteil behauptet!

Dann fiel mir Andreas Katze Sheila ein, eine besonders schöne, buntscheckige Glückskatze. Seit geschätzten drei Jahrhunderten versuchte ich schon, mich mit diesem Mistvieh anzufreunden. Ohne Erfolg natürlich. Sie ließ sich weder von mir streicheln noch locken. Ignorierte mich geradezu demonstrativ. Daniel dagegen – eine kurzzeitige Bekanntschaft von Andrea – wurde von ihr beschmust und beschnurrt, obwohl er sie ständig zu verscheuchen suchte. Es war vielleicht nicht gerade so, dass er Katzen hasste, aber die Welt, meinte er, käme auch ohne Katzen glänzend aus (eine Meinung, die ich ganz und gar nicht teilte). Sie wären ihm jedenfalls völlig wurscht, stören würde ihn nur, dass sie sich ihm überall aufdrängten, sobald sie ihm begegneten. Sie liefen ihm sogar nach.

Ich nahm einen kräftigen Schluck.

Ach so, dachte ich. Das ist ja interessant. Mal ein ganz anderer Ansatz. Ich lehnte mich zurück und fühlte mich wirklich für einen Moment entspannt. Mädels wie Katzen?, dachte ich. Tja. Das könnt ihr haben.

Ich war, zuerst, richtig eingeschnappt. Das gab sich allerdings bald. Schluss damit, sich abzustrampeln und darauf zu warten, endlich zu landen bei all den Petras und Tinas und Claudias. Die dürfen jetzt mich gern haben, dachte ich. Ihr lasst mich warten? Pah, ich lasse euch warten!

Zugegeben, das funktionierte nicht gleich. Doch als mir Sheila, die ich nicht einmal demonstrativ links liegen gelassen hatte, eines Tages plötzlich auf den Schoß sprang, wusste ich, dass ich die Sache im Griff hatte. Ich lehnte mich zurück und kraulte die Katze nebenbei.

»Irgendwie«, meinte Andrea zu mir, »hast du dich verändert. Ist irgendwas los, was ich wissen sollte?«

»Nein«, sagte ich. »Alles wie immer.« Und dachte: Alles meins!

5. KAPITEL

Willst du mit mir gehen?

Natürlich war nicht alles meins, aber ein paar Falsche bekam ich, nach und nach, dann schließlich doch ab, während ich, ohne dass es mir so ganz bewusst war, weiter auf meine Herzenskönigin wartete (drei Dinge arbeiteten für mich: ein kackbrauner Pullunder, ein Glücksschwein auf dem Fensterbrett und die Zeit). Aber kehren wir – während ich auf meine Herzallerliebste wartete – noch einmal in meine Kindheit und Jugend zurück. Im Kindergarten und in der Schule ging das Warten auf Frauen, na, besser gesagt: Mädchen, natürlich weiter. Wie alle anderen Jungen machte ich mir darüber aber keine Gedanken. Es gehörte einfach dazu. Versuchte ich etwa, meine Kindergärtnerin auf ein dringendes Bedürfnis aufmerksam zu machen, warf Claudia ihre Sirene an, und die Erziehungskraft kümmerte sich mit tödlicher Sicherheit erst einmal um sie, während ich fast platzte. Als ich Claudia später darauf ansprach, erklärte sie mir allerdings lächelnd, dass es sich dabei stets nur um eine Verkettung unglückseliger Umstände gehandelt habe, jedenfalls hätte sie ganz bestimmt nie mit Absicht losgeheult, wenn ich dringend aufs Klo musste. Bestimmt nicht.

In der Schule bekam Claudia in Betragen eine Eins, wofür sie mir die Zunge herausstreckte. Ich bekam bloß eine Drei, weil ich immer so hibbelig war, wenn ich etwas wusste, und kaum abwarten konnte, bis sich meine Lehrerin dazu bequemte, mich dranzunehmen. (Vorher nahm sie Claudia dran, selbst dann, wenn die sich gar nicht gemeldet hatte. Claudia erklärte das später mit einer Verkettung unglückseliger Umstände.) Den anderen Jungs ging es natürlich nicht anders, außer Björn, der auch eine Eins bekam und offenbar gefeit war gegen unglückselige Umstände – vielleicht haben da Pullunder eine immunisierende Wirkung. Jedenfalls sorgte er auch hier für Entzücken bei den weiblichen Lehrkräften, vor allem seiner glockenhellen Singstimme wegen, gegen die wir anderen Jungs bloß wie die Hirsche röhrten. Dabei hasste Björn es zu singen, was er sich freilich nie anmerken ließ. Ich liebte das Singen dagegen sehr, auch wenn alle Welt behauptete, ich klänge wie eine verrostete Gartenschere.

Als wir größer wurden, verliebte ich mich natürlich in Claudia. Logisch. Und obwohl ich mir kaum eine Chance ausrechnete, steckte ich ihr trotzdem heimlich einen Willst-du-mit-mir-gehen-Zettel zum Ankreuzen zu. Alle steckten anderen wild durcheinander irgendwelche Willst-du-mit-mir-gehen-Zettel zu. Auf eine Antwort von Claudia warte ich allerdings noch heute. Vorausblickend, wie sie war, sammelte Claudia nämlich ihre Willst-du-mit-mir-gehen-Zettel und klebte sie in ein Album ein. Wahrscheinlich, um später etwas zu lachen zu haben oder um sich noch einmal begehrt zu fühlen. Als die Rede einmal darauf kam, erklärte sie mir jedoch, ich wäre damals gar nicht so chancenlos gewesen, wie ich geglaubt hatte. Sie hätte bloß gefunden, dass ich meine Schüchternheit überwinden und sie direkt ansprechen müsse. Ein Vollblutmädchen.

Bei Björns Willst-du-mit-mir-gehen-Zettel kreuzte sie aber sofort JA an und schmuggelte ihn zurück in seine Jacke. Ich weiß nicht, ob auch hier die Magie der Pullunder wirkte. Im Augenblick überlege ich nur gerade, meinem Sohn einen Pullunder zu kaufen. Vielleicht erleichtert ihm das so einiges.

6. KAPITEL

Verliebte Kater

Claudias Schweigen jedenfalls, dass sie sich so gar nichts anmerken und mich sogar im Unklaren darüber ließ, ob sie meinen Zettel gefunden hatte oder nicht (ich war mir manchmal nicht mal mehr sicher, ob ich ihn ihr überhaupt zugesteckt hatte, was mich an meinem Verstand zweifeln ließ), stürzte mich erst einmal in ein Tal des Unglücks. Natürlich beobachtete ich, dass sie Björn herumkommandierte, wie sie wollte, und ich fand, dass er sich ziemlich zum Affen machte, was mir nur passend schien. Allerdings wäre ich von ihr aber auch gern herumkommandiert worden, wobei ich ganz sicher war, dass ich mich dabei nicht zum Affen machen würde. Wie auch immer, ich war also todunglücklich, und umso mehr, je länger die Antwort auf sich warten ließ. Ich strich wie ein verliebter Kater um die Häuser in der Hoffnung, rein zufällig Claudia zu treffen. Dementsprechend stand ich mir die Beine an allen möglichen und unmöglichen windigen, eisigen, verregneten Ecken in den Bauch. Ich hörte mit Vorliebe tragische Liebeslieder und legte mir eine von Düsternis und Leid geprägte Weltsicht zu. Das ist die normale Wirkung ersten Wartens auf Frauen, aber natürlich wusste ich das damals noch nicht. Ich benahm mich einfach wie jeder unglücklich verliebte Junge.

Claudia erklärte später dazu, dass mich all das reifer gemacht hätte. Allerdings hatte ich irgendwann doch genug, vielleicht wurde mir das Warten auf Claudia zu langweilig – so genau erinnere ich mich nicht. Kurz, ich ging den Weg des werdenden Mannes und stürzte mich wie wild in alle möglichen Verliebtheiten, wenn Claudia schon so doof war, mich nicht zu wollen. Zwischendurch wollte sie allerdings auch Björn nicht mehr und stürzte sich wild in alle möglichen Verliebtheiten. Nur Björn stürzte sich in nichts. Er war sicher, dass Claudia zu ihm zurückkehren würde (Pullunder?).

So folgte auf Claudia eine kleine Dunkelhaarige (der Name ist mir entfallen), die mir dann neue Dimensionen des Wartens eröffnete. Ihre Spezialität war, sich abholen und mich dabei warten zu lassen, was hieß, dass ich mir die Beine an allen möglichen und unmöglichen windigen, eisigen, verregneten Ecken in den Bauch stand, egal ob vor der Schule, vor der Turnhalle ihres Sportclubs, vor ihrem Haus, der Diskothek oder dem Kino. Sie kam immer als Letzte irgendwo heraus oder irgendwohin, und zu Verabredungen prinzipiell zu spät. Doch gerade, als ich begann, mich schlauerweise darauf einzustellen, zum Beispiel selbst später zu kommen, erschien sie pünktlich, um mir dann bei meinem Eintreffen Vorwürfe wegen meiner Rücksichtslosigkeit zu machen. Dass ich auf alles andere, was so eine Beziehung erst wirklich spannend macht, der erste Kuss, der erste intensivere Nahkampf, und überhaupt das erste Mal zu warten hatte, versteht sich von selbst. Derweil glaubte ich dooferweise anderen Jungs, die behaupteten, schon viel weiter zu sein als ich. In Wirklichkeit warteten sie genauso, wollten sich aber vor den anderen keine Blöße geben. Sie waren da anders als Björn, der mit großer Selbstverständlichkeit propagierte, dass seine spätere Ehefrau jungfräulich zu sein habe, wie auch er sich mit diesem ganzen animalischen Kram zurückhalte (was ich ihm sofort abnahm). Es endete damit, dass ich dann kurz und heftig abserviert wurde, weil meine kleine Dunkelhaarige sich noch nicht reif genug fühlte. Ein paar Monate später war sie dann die erste schwangere Schülerin unseres Jahrgangs. Verstehe das, wer will. Aber ausnahmsweise war ich diesmal doch dankbar für die ganze Warterei, die in diesem Fall sogar noch positiv gewesen war. Ein, wie ich noch feststellen sollte, höchst seltener Effekt des Wartens auf Frauen.

7. KAPITEL

Dessousabteilung

Es gibt wenig Kläglicheres für einen Mann, als mit dem Arm voller Klamotten mitten in der Dessousabteilung eines Kaufhauses herumzustehen und zu warten. Warum? Wir wissen natürlich, dass ihr es hasst, wenn sich Männer da neugierig herumtreiben. Darum drücken sich die Männer, die mit ihren Frauen da sind, meist auch dicht an ihre Partnerin und starren krampfhaft an allen anderen Frauen vorbei, nach Möglichkeit auch an allen Unterhemdchen, Slips und BHs, die überall herumhängen, was natürlich ein Ding der Unmöglichkeit ist. Die bösen Blicke, die ihr uns zuwerft, als könnten wir etwas dafür, dass wir unvermittelt in eine völlig artfremde Umgebung versetzt worden sind, erheitern uns auch nicht gerade. Zudem wollen wir eure Dessousgeheimnisse gar nicht kennen, und Rüschchen und Schleifchen sind uns völlig schnurz – das ist etwas für Frauen. Schließlich und endlich weiß man einfach nicht, wo man hingucken soll. Überall Verfängliches – etwa Plakate mit Frauen, die sich in Unterwäsche rekeln und einen anstarren wie ein Python ein leckeres Kaninchen. Man fängt an, sich beobachtet zu fühlen, und das garantiert noch weit stärker als die Frauen, die sich mehr oder weniger systematisch durch die Abteilung wühlen.

Aber damit nicht genug: Je länger man herumsteht, umso mehr baut sich eine Atmosphäre auf, die ziemlich derjenigen gleicht, wenn ein Fahrtkartenkontrolleur sich langsam in die eigene Richtung vorarbeitet und man ausgerechnet heute schwarzgefahren ist. Mit anderen Worten, ich fing an, Andrea zu hassen: Sie war schuld daran, dass ich hier herumstand, versuchte, mich unauffällig in Luft aufzulösen und Maulaffen feilhielt. Angeblich war sie einer spontanen Eingebung gefolgt, als sie hier haltmachte, aber ich wäre jede Wette eingegangen, dass der Angriff von langer Hand geplant war.

So stand ich mir also die Beine in den Bauch und wurde dazu noch böse oder amüsiert-herablassend begafft. Wobei mir ein traumatisches Kindheitserlebnis einfiel, ebenfalls in einer »Unterwäscheabteilung für die Dame« (wie es damals hieß, und entsprechend sah es auch aus), in die mich meine Mutter mitgeschleift hatte. Als Acht- oder Neunjähriger hätte ich ja einigermaßen unverdächtig sein müssen. War ich aber nicht. Während ich herumstand und damals noch ziemlich unbefangen auf weiße Wäsche glotzte, deren Sinn und Zweck ich mir nur zum geringsten Teil erklären konnte, walzte starren Blicks eine gewaltige, lila gewandete Matrone auf mich zu, blieb vor mir stehen und verdunkelte die Aussicht. Dann sprach sie von der Höhe ihres Dreifachkinns zu mir herab:

»Ich möchte mal wissen, was du hier machst, Junge. Na, du wirst wohl auch mal so einer.« Damit rauschte sie wieder davon.

Was ist das für eine Botschaft? Wie jetzt – so einer? Was für einer? Einer, der mit Vorliebe in Unterwäscheabteilungen für die Dame bei den Übergrößen herumsteht und wartet? Ich habe mir noch oft den Kopf darüber zerbrochen, aber ich gebe zu, dass ich letztlich zu keinem Ergebnis gekommen bin. Selbst heute frage ich mich noch manchmal, ob ich tatsächlich so einer geworden bin, wie die Matrone damals vermutet hat. Ich werde es nie wissen.

Wie gesagt, es gibt nichts Kläglicheres … doch, gibt es.

Nämlich, wenn man jemanden ausgerechnet hier trifft, den man ausgerechnet hier nicht treffen will.

»Sag mal, du weißt schon, dass Frauen nicht gerade begeistert sind, wenn Männer sie bei den Dessous begutachten, oder?«, fragte mich süffisant eine Stimme hinter mir.

Ich drehte mich um (wobei ich fast einen BH hätte fallen lassen) und schaute in zwar bildhübsche, doch boshaft blitzende Augen. Ausgerechnet Claudia. Einen Moment lang war ich auch verblüfft, denn mir gegenüber stand eine *neue* Claudia – neues Outfit, neuer Stil, neue Frisur. Das hätte mir zu denken geben sollen, tat es aber nicht. Ich hatte zu viel damit zu tun, mir die dümmliche Was-machst-du-denn-hier-Frage zu verkneifen.

»Glaub mal nicht, dass ich freiwillig hier herumstehe«, sagte ich stattdessen mürrisch.

»Nicht? Wo ist denn das Sonderkommando, das dich dazu zwingt?«

»Das ist gerade in der Umkleide verschwunden.«

Sie lachte.

»Ach so. Na, aber schön, dich mal wiederzusehen, Moritz.«

»Freut mich auch«, log ich sachlich. »Und, wo ist dein Björn?«

›Dein Björn‹ ließ ich mit einem kaum wahrnehmbaren Hauch von Pullunderverachtung fallen, was ihr natürlich nicht entging.

»Ach, das weißt du nicht? Wir haben uns getrennt.«

Das wusste ich wirklich nicht – ein wenig war sie mir schließlich doch aus den Augen geraten, oder besser, ich war ihr lieber aus dem Weg gegangen –, aber diese Mitteilung veränderte schlagartig alles. Ich wusste es sofort. »Ups«, sagte ich dümmlich. Was soll man auch sagen? In Triumphgeheul auszubrechen schien mir unpassend.

»Ja, ups. Ich weiß auch nicht. Vielleicht bin ich ja zu anspruchsvoll. Aber ein Mann, der an Muttertagen rührselig wird, und dessen heißestes Abenteuer es ist, Bausparverträge abzuschließen … ach, keine Ahnung.«

Ich hätte ihr das gleich sagen können, verkniff mir aber wohlweislich diese Bemerkung. Stattdessen ging ich – ich weiß, nicht sehr stilvoll – unmittelbar zum Angriff über. Ich dachte plötzlich, dass ich mir diese Chance auf keinen Fall entgehen lassen durfte, auch wenn ich mich dabei benahm wie ein Kettenpanzer. Kein Pullunder der Welt sollte es noch einmal wagen, sich zwischen sie und mich zu stellen.

»Und, schon ein Nachfolger in Sicht?«

»Also bitte. Wir sind gerade ein paar Wochen auseinander ...«

»Das heißt, du hast heut Abend Zeit?«

Sie lachte. »Also wirklich, Moritz, du bist unmöglich. Und dein Sonderkommando ist bestimmt auch nicht gerade begeistert von dieser Idee.«

»Das Sonderkommando heißt Andrea.«

»Ach so ... Andrea ...« Ich hörte es geradezu in ihrem Köpfchen tickern. Andrea und Claudia hatten immer ein einigermaßen neutrales Verhältnis zueinander gehabt. Ebenbürtige Jägerinnen mit unterschiedlichen Geschmäckern. Dachte ich jedenfalls, damals war mir noch nicht klar, dass Männer das Beziehungsgeflecht um sie herum nie wirklich durchschauen. Frauen tun das, darauf sind sie geeicht. Außerdem tauschen sie sich aus, auf der Toilette etwa, weshalb es da auch immer so elendig lang dauert und die Kerle auf sie warten müssen. Männer dagegen tappen nur doof im Dunkeln und raten herum.

»Okay... also heute Abend«, sagte sie. Die Augen blitzten wieder, und mit einem Schlag war alles wieder da, die Sandkiste, der Kindergarten, die Schule, die düsteren Liebessongs, die Versuche, sie rein zufällig zu treffen ...

Während sie entschwand, stellte ich mir vor, sie hätte mir heimlich einen Willst-du-mit-mir-gehen-Zettel zugesteckt.

Und ich kreuzte ein dickes JA an.

8. KAPITEL

Sex & Erotik

Claudia hat vielleicht nicht unbedingt das Rätsel meines Lebens gelöst. Aber ein paar Rätsel doch, wie ich so im Nachhinein feststelle. Dinge, auf die ich von allein nie gekommen wäre, schon weil mir gar nicht klar war, dass es überhaupt Rätsel waren: das Warten auf Frauen zum Beispiel. Wie alle anderen Kerle auch dachte ich nicht einmal wirklich darüber nach, sondern nahm das irgendwie als göttingegeben hin. Das änderte sich erst bei besagtem Einkaufsbummel in München. Und so kann ich mir jetzt immerhin einigermaßen erklären, was es in vielen Fällen mit der Warterei auf Frauen auf sich hat. Okay, nicht immer, nicht alles. Aber vieles.

Claudia und ich begannen also, uns zu treffen. Mein Ziel dabei war ziemlich eindeutig. Für Claudia gestaltete sich die Sache aber erheblich schwieriger, denn sie musste eine Menge Dinge klären, von denen ich als Mann nicht einmal im Ansatz eine Ahnung hatte.

Eines Abends hatte ich sie (endlich!) mit Glück und Geschick in meine Wohnung gelotst. Jedenfalls nahm ich das an, während tatsächlich natürlich Claudia die Fäden in der Hand hielt. In einem spontanen Anfall heldenhaften Wagemuts hatte sie beschlossen, dass es jetzt so weit sei. Doch zuerst verschwand sie noch einmal im Bad, und ohne indiskret sein zu wollen, dürfen Sie sich inzwischen ruhig fragen, was zum Teufel sie da eigentlich treibt und wieso das so lange dauert. Dazu kommen wir dann noch.

Aber zunächst: Wieso hat es so elendig lange gebraucht, bis wir überhaupt in eine annähernd erotische Situation geraten sind? Dazu muss man natürlich im Auge behalten, dass Männer nicht nur anders ticken als Frauen. Frauen ticken auch anders als Männer. Zuerst nämlich musste Claudia, nachdem sie festgestellt hatte, dass sie mich (wieder – immer noch – überraschenderweise) durchaus anziehend fand, einige Fragen für sich beantworten:

Will er mich oder will er nur meinen Körper? Habe ich ihn fest genug am Haken oder sollte ich ihn besser noch etwas zappeln lassen? Wenn ich jetzt nicht bald mit ihm schlafe, schnappt er sich dann eben schnell eine andere? Und wenn er so einer ist, kann man ihn umerziehen? Falls ja, lohnt es sich überhaupt? Und was, wenn nicht? Was ist das eigentlich für ein Typ, wenn er sich gleich die Nächste an Land zieht? Wofür hält der mich? Was denkt dieser Macho eigentlich von mir? Der soll mich kennenlernen! Aber egal, ist es jetzt also noch zu früh? Oder schon zu spät? Haut er gleich wieder ab, wenn er erreicht hat, was er will? Und was will ich eigentlich? Und wenn ich bei der nächsten Gelegenheit mit ihm ins Bett gehe, hält er mich dann für eine Schlampe? Steht er auf Schlampen? Falls ja, will ich eine sein? Warum eigentlich nicht? Könnte das nicht mal ganz befreiend sein, so zur Abwechslung? Obwohl, kann ich dann noch in den Spiegel sehen? Was denkt meine Freundin von ihm? Findet sie ihn blöd, oder würde sie ihn mir gern ausspannen? Wie stellt er sich unsere Zukunft vor? Wie stelle ich sie mir vor? Was ist mit Kindern? Nimmt er dann auch Erziehungsurlaub oder muss ich mich mal wieder um alles kümmern? Zieht er zu mir oder ich zu ihm? Nehmen wir eine gemeinsame Wohnung? Und schnarcht er? Was ist, wenn er herausbekommt, dass ich schnarche?

Das ist selbstverständlich nur ein winziger Ausschnitt der Fragen, die sich Frauen (und Claudia ist da keine Ausnahme) gewöhnlich zu stellen pflegen: Und all das will erst einmal beantwortet sein. Darum also ...

Zum Vergleich: Die männliche Variante all dieser Fragen lautet (hier allerdings, ohne dass wir etwas weglassen):

Ja oder nein?

Doch zurück zum Badezimmer. Was geht da eigentlich vor sich?

Richtig – die nächsten Fragen (auf die ein Mann im Traum nie kommen würde) müssen beantwortet werden, diesmal vor dem Spiegel: Bin ich eigentlich sexy genug? Was, wenn ich ihm nicht gefalle? Was, wenn er mir plötzlich nicht mehr gefällt? Wie muss ich den Kopf halten, um diese blöde Kinnpartie nicht noch zu betonen? Du meine Güte, ich habe Lippenstift auf den Zähnen. Ich sehe aus wie Lady Dracula nach dem Frühstück. Und meine Haare stehen ab, als ob ich in eine Steckdose gefasst hätte. Hängt mein Busen nicht schon? Neulich war das noch nicht so! Schnell die Pölsterchen aus dem BH, sonst merkt er, dass ich geschummelt habe. Ob er jetzt wohl gerade eine Socke aus der Unterhose verschwinden lässt? Sind eigentlich meine Schenkel zu dick? Ist mein Po noch knackig? Ich sehe ihn schließlich so selten, und wenn man sich so verdrehen muss, dann sieht das immer irgendwie komisch aus. Oder ist das nur bei mir so? Meine Ohren sind auch komisch. Ich habe Ohren wie Mr. Spock, nur kleiner. Gibt es eigentlich eine Mrs. Spock? Und was macht sie die ganze Zeit? Er wird mich hassen für meine Ohren, irgendwann fällt es ihm bestimmt auf. Wie lange kann ich den Bauch einziehen, ohne zu platzen? Wo ist mein Kajal? Oh mein Gott, da ist ein Pickel! Und er ist so groß wie der Mount Everest – Himmel, den falschen Slip habe ich auch an! Das Ding ist tausend Jahre alt, aber so bequem! Aber wenn er mich darin sieht ... zieh ich ihn lieber gleich aus? Aber dann denkt er bestimmt, ich bin eine Schlampe – ob er auf Schlampen steht? Und was, wenn ja? ...

Die männliche Spiegelvariante kann man sich denken: Passt schon.

Und so beantwortet sich natürlich auch die Frage, weshalb »nur mal schnell ins Bad« gefühlte zwei Stunden dauert. Während ich mich also, naiv und nichts ahnend, nur ein wenig gewundert habe, was um Himmels willen meine Auserwählte da die ganze Zeit treibt und wieso ich selbst jetzt noch endlos warten musste, haben sich hinter der verschlossenen Tür wahre Dramen abgespielt (von denen wir hier wiederum nur einen kleinen Teil wiedergegeben haben!).

Aber wirklich – ist es nicht bewundernswert, mit welch gespielter Sicherheit meine Fee jetzt herbeischwebt? Nichts von dieser erschütternden Sinnkrise ist ihr anzumerken, stattdessen ist sie zu einem verführerischen Schmusekätzchen mutiert, das niedlich und entschuldigend guckt, weil es im Bad nun doch so lange gedauert hat.

Versuchen Sie das mal nachzumachen.

So konnte es aber natürlich nach alldem wenig überraschen, dass meine Herzensblüte noch ein wenig in Stimmung gebracht werden wollte. Ich dagegen hatte das sichere Gefühl, weiterzuwarten, nur dass sich das jetzt Vorspiel nannte. Dennoch, ob Sie es glauben oder nicht, auch das kann man genießen. Sollten Sie allerdings in ähnlicher Situation bemerken, dass Sie, schon allein der langen Wartezeit wegen, bereits jetzt ein bisschen zu viel genießen, dann denken Sie an eine Rolle Stacheldraht. Das hilft.

Übrigens: Glauben Sie nicht, dass der oben bruchstückhaft angedeutete Gedankenfluss meiner Liebsten damit ein Ende gehabt hätte. Auch bei Ihrer Jadeblüte wird das nicht anders sein. Zumindest unbewusst (das hängt auch ein wenig von Ihnen ab) wird sie weiterhin versuchen, egal in welcher Stellung, möglichst gut auszusehen und eventuelle, wirkliche oder eingebildete Schwachstellen zu verstecken (Ohren! Kinn!

Bauch! Schenkel! Busen! Po!) – während Sie wahrscheinlich glauben (so wie ich damals, und ich gebe zu, ich war einfach nur hingerissen), es mit einer erotisch hochgradig versierten Schlangenmenschin zu tun zu haben, die gewiss gerade das gesamte Kamasutra abarbeitet und noch 22 weitere Varianten dazu neu erfindet.

Zum Vergleich auch hier die männliche Gedankenvariante:
Wow!!!

9. KAPITEL

Prioritäten

Nachdem Claudia beschlossen hatte, dass sie sich nun doch mit Moritz Petz zusammentun würde, stellte sich relativ zeitig (!) die Frage nach einer gemeinsamen Behausung, sodass wir uns auf die Suche nach einer für uns beide kompatiblen Wohnung machten. Es war das erste Mal, dass ich mit einer Frau zusammenzog, und entsprechend hatte ich eine Menge zu lernen. Geistig hatte ich mir natürlich schon eine Prioritätenliste erstellt, sachlich, praktisch, unter Berücksichtigung eines gewissen Wohlfühleffekts plus Beachtung unserer monetären Möglichkeiten. Naturgemäß sah Claudias Liste etwas anders aus. Sie umfasste diese Punkte zwar auch, fügte aber noch einige weitere hinzu. Dass sie Wert auf eine gemütliche (und ausbaufähige) Wohnküche legte, leuchtete mir noch ein – sie ist in diesem Punkt konservativ, außerdem kocht sie gern, und das möchte man nun einmal auch in einem entsprechenden Umfeld tun. Okay. Allerdings erwartete mein Spielkind darüber hinaus, morgens von den ersten Sonnenstrahlen *wach gekitzelt* zu werden, in ein Haus mit bestmöglicher freundschaftlicher Gemeinschaft zu ziehen und schließlich noch nach vorne Ausblick auf Norwegens Fjorde und nach hinten auf die liebliche Landschaft der Toskana zu haben. Schaden könne es auch nicht, wenn unsere künftige Bleibe im Grünen und mitten in der City (der Verkehrsanschlüsse wegen) läge, besonders kinderfreundlich (in Deutschland!) und maximal im zweiten Stock sei, da man schließlich bedenken müsse, dass ihre Eltern auch im hohen Alter noch in der Lage sein müssten, uns zu besuchen (Lift kam, der Klaustrophobie ihrer Mutter wegen, nicht infrage). Allzu viel für die Wohnung wollte sie allerdings nicht ausgeben, denn sonst hätte man ja nichts mehr vom Leben.

Nach Entfaltung dieser Pläne richtete ich mich darauf ein, frühestens im Altersheim (immerhin im Grünen und ruhig) mit

Claudia zusammenziehen zu können. Wir schauten uns so alles in allem auch um die fünfzig, sechzig Wohnungen an, doch irgendein Punkt von Claudias unverzichtbarer Prioritätenliste blieb wundersamerweise immer offen, sodass wir unmöglich irgendwo einziehen konnten. Inzwischen zweifelte ich bisweilen daran, ob sie überhaupt ernsthaft mit mir zusammenleben wollte; andererseits aber war sie bereits fleißig dabei, unsere imaginäre Wohnung einzurichten.

Hier ergaben sich die nächsten Probleme, vor allem, als es um das Schlafzimmer ging. Als ewig Sinnsuchender träumte ich von einer zenbuddhistisch-japanisch-spartanischen Nicht-möblierung eines halbheiligen Rückzugsortes mit Futon und Strohmatten, während Claudia, möglicherweise unter romantischem Einfluss von *Jenseits von Afrika*, eher wild-animalisch-afrikanische Vorstellungen mit üppigen Fruchtbarkeitsstatuen und hölzernen Giraffen und Löwen hatte, einschließlich eines gewaltigen Moskitonetzes für ein überdimensioniertes Himmelbett aus unbehandelten Naturhölzern mit exotischen Holzwürmern. (Das mit dem Netz fand ich allerdings eine gute Idee, da Mückenmädchen mich lieben. Ich bin in diesem Punkt gewissermaßen ihr persönlicher George Clooney.)

Gingen wir so rein geistig durch unseren zukünftigen Palast, ergaben sich auf diese Weise durchaus ähnlich geringfügige Abweichungen unserer Vorstellungen auch für alle anderen Räume (abgesehen von einem Luxusbad mit allem erdenklichen Drum und Dran; da waren wir einig, auch wenn wir einräumen mussten, dass die notwendige Grundfläche dafür mit wenigstens 60 Quadratmetern vielleicht einen Hauch illusorisch war). Doch wirkliche Probleme bereitete mir all das nicht, da ich zuletzt sowieso nicht mehr daran glaubte, jemals eine Unterkunft für mein wohntechnisches Fantasiemädchen und mich zu ergattern.

Tat ich auch nicht. Claudia war es nämlich, die letztlich eine bezahlbare, ruhig gelegene Wohnung im ersten Stock mit besten Verkehrsanschlüssen plus Hinterhofgarten und kinderfreundlicher Hausgemeinschaft organisierte. Wie sie das gemacht hat, wird mir angesichts des Wohnungsmarktes ewig ein Rätsel bleiben, aber ich vermute, Kerle stellen sich da einfach nicht findig genug an. Und sicher ist, dass Frauen bei solchen Dingen ein gewaltiges Netzwerk auswerfen können. Männer angeln dagegen bloß. Claudia hatte aber noch eine andere Begründung dafür.

»Siehst du, Moritz«, sagte sie triumphierend in ihrer künftigen Wohnküche zu mir, »du bist einfach zu ungeduldig. Auf so etwas muss man warten können, und Warten ist für Männer echt ein Fremdwort. Frauen können so etwas, Männer nie.«

Ich ließ diese Bemerkung damals unkommentiert. Und auch jetzt lasse ich sie einfach mal so im Raum stehen. Soll sich doch jeder dabei denken, was er will.

Wen es übrigens interessiert, wie international unsere Wohnung dann doch geworden ist: Bei uns im Schlafzimmer hängt ein Poster mit einem echt afrikanischen Savannensonnenuntergang (mit ein paar Schattenrissen von Giraffen), und jeden Morgen schaue ich beim Aufwachen einer hölzernen Kriegerfigur ins Auge, die mich mit ihrem Speer bedroht. Auf meinem Schreibtisch steht eine kleine Buddhastatue, und in der Küche bewahren wir unsere Nudeln in italienischen Spaghettigläsern auf.

Und der Rest ist … na ja. Skandinavisch eben.

10. KAPITEL

Werbung

Wenn man der Werbung glauben darf, sind alle Männer Trottel. Zu doof, um eine Versicherung, einen Bausparvertrag oder die supergünstigen Bedingungen ihrer total selbstlos-verlässlichen Bank zu verstehen, bei der man unbedingt einen Kredit aufnehmen soll, vorausgesetzt man hat so viel Geld, dass man keinen braucht. Und dann schwitzen die Kerle auch noch peinlich unter den Achseln. Manchmal gehen ihnen auch die Haare aus, was sich jedoch irgendwie mit Kaffee regeln lässt. Dazu hüpfen alle herum wie kleine Jungs, die sich einen Dreitagebart angeklebt haben, und ihre Partnerinnen lächeln so ein bisschen milde von oben herab, aber auch richtig verständnisvoll, weil sie, ganz klar, total auf diese verblödet-unbeschwerten Bubis stehen und sie so süß finden, was schließlich eine absolut passende und realistische Basis ist für eine lebenslange Beziehung. Echte Kerle sind Männer in der Werbung jedenfalls nur dann, wenn sie Bierkisten schleppen oder den neuen feuerroten Testosterona kaufen sollen.

Das einzige Problem, das hingegen Frauen haben, ist, dass sie sich rund um die Uhr so gebläht fühlen, vornehmlich, wenn sie ihre Tage haben. Dann gucken sie auch mal unglücklich und ziehen eine Schnute. Sie reden, scheint's, über nichts anderes, höchstens noch über Waschmittel, aber so rein zufällig hat ihre Freundin immer alles in ihrer Handtasche dabei und zieht dann nachsichtig lächelnd die Lösung für das große Lebensproblem heraus. Mal einen Tampon, mal ein Abführmittel, oder, wenn gar nichts mehr hilft, einen Weichspüler. Die Problembärin ist daraufhin erst mal ein bisschen skeptisch, dann aber innerhalb von fünf Sekunden (Werbespots sind teuer) total überzeugt und jetzt echt und für immer superhappy.

Ich wünschte, ich hätte so etwas auch von Claudia sagen können, aber wenn *ich* irgendeine Lebenslösung aus der Tasche zog, dann musste die immer erst mal diskutiert werden. Claudia funktioniert einfach nicht wie die Werbemädels, und das machte mir irgendwann Sorgen, weil ich mich entschlossen hatte, ihr einen Antrag zu machen: also eigentlich Werbung pur mit höchstem Einsatz, Productplacement mit allem Drum und Dran. Wie ich auf diesen Gedanken eigentlich gekommen bin, weiß ich nicht so genau. Vielleicht dachte ich bloß »Zeit wird's« oder so, oder Claudia hatte meinem Unbewussten verdeckte Signale gegeben. Wer weiß. Eigentlich stand für mich nur fest, dass ich mit ihr den Rest meines Lebens verbringen wollte, und dann kann man auch gleich heiraten, oder? Muss nicht, kann aber. Bloß, würde ich das so formulieren, wäre Claudia wahrscheinlich nicht zur Gänze begeistert. Ihre romantische Ader reicht zwar nicht bis Barbieland, das bedeutet aber nicht, dass sie's nicht doch hin und wieder gern ein bisschen romantisch hat. Und ganz sicher, dachte ich, hätte sie gern etwas Romantik, wenn ich ihr einen Heiratsantrag mache. (Wobei mich das bloße Wort schon schaudern ließ, weil ich an Behörde oder an Claudia hinter dem Schreibtisch dachte, mit einem Stempel in der Hand, den sie dann schwungvoll auf mein Foto knallte: ABGELEHNT stand nun quer über meinem greinenden Bild.)

Okay, so ein Antrag sollte also einen Hauch von Romantik in sich bergen. Normalerweise würde man an dieser Stelle seine besten Freunde befragen. Nur ist Alex ein sachlich nüchterner Naturwissenschaftler und von daher in solchen Dingen vielleicht nicht unbedingt Experte. Und Leos Variante fiel auch aus – es war die mit dem Ring im Dessert; Bettina bemerkte ihn allerdings erst, nachdem sie sich eine Krone ausgebissen hatte, was dem Abend einen etwas angestrengten Anstrich gab.

Ich schaute mich also weiter um – im Internet, zum Beispiel, gibt's dazu eine Menge »kostengünstiger Ideen«, was ich, warum, weiß ich jetzt auch wieder nicht so genau, etwas abgeschmackt fand. Man kann Anträge per Werbetafel machen, bei einem Fallschirmsprung oder unter Wasser, sich ein Herz in den Rasen mähen, die Sache über die Stadionansage ausrufen lassen oder sonst wie total originell sein, auch wenn andere sich die Geschichte ausgedacht haben. Und alles setzt die mögliche Braut natürlich auf keinen Fall unter Druck, vor einer Million Leute (die alle ganz klar unbedingt damit belästigt werden wollen) *Ja* zu sagen oder *Nein* oder *Ich weiß noch nicht, kommt drauf an, wie du dich beträgst* anzukreuzen.

Was mich wieder zu der Frage brachte, ob Claudia eigentlich wirklich gewillt sein würde, sich den Rest ihres Lebens an mich zu ketten. Schließlich, ich finde mich selbst zwar ziemlich handzahm und geradezu erschütternd einfach im Verbrauch, was an meinem sehr schlichten, einfach strukturierten Gemüt liegt. Einfach ein Sonnenschein. Allerdings habe ich auch schon anderes über mich gehört. Böswillige Gerüchte, natürlich. Aber wusste ich wirklich so genau, was Claudia über mich dachte? Schon klar, kein Mann der Erde wird jemals ganz genau und ehrlich und aufrichtig erfahren, was die Partnerin tatsächlich von ihm hält (was vermutlich auch besser so ist), aber schließlich, der Antrag ist schon so eine Art Bruchtest: Last exit. Irgendeine Antwort muss da kommen, und bei solchen Anträgen erfolgt sie meist ziemlich zügig. Könnte durchaus schmerzhaft werden. Und auch, wenn Männer zum Selbstschutz die Sache in der Regel etwas herunterspielen, nervös sind sie doch.

War ich auch. Schon deshalb, weil mir nichts Originelles, schlicht Unvergessliches einfallen wollte, weshalb ich mich dann doch für die klassische Methode entschied, denn sonst würde es nie etwas werden. Und ich wollte Claudia nicht erst auf meinem Sterbelager fragen, wenn's eh schon wurscht ist.

Also gingen wir essen. Hübsches Restaurant, nicht übertrieben voll, nette Musik und der Petz Moritz mit Ring in der
Tasche wie ein Kater auf einem heißen Blechdach, Claudia dagegen etwas irritiert, weil er sich heute noch eigenartiger als
sonst benimmt.

Eine entsprechend geschliffene Formulierung für die
Frage selbst hatte ich mir natürlich auch ausgedacht. Aber
ich weiß nicht, warum, als wir da saßen, fiel sie mir einfach
nicht wieder ein. Lampenfieber wohl. Die Worte gingen einfach durcheinander, und das mir. Aber das war jetzt egal, ich
war wild entschlossen, die Sache hinter mich zu bringen (was
irgendwie auch nicht so besonders romantisch war – aber
romantisch muss es denn wohl doch bloß für die Mädels sein),
und deshalb entschloss ich mich, wie geplant zum Dessert
einen ganz offiziellen Kniefall hinzulegen und sie eben einfach
zu fragen, komme, was da wolle. Ich schätze, ich war etwas
übermotiviert, und da verliert man zuweilen etwas den
Überblick.

Na ja. In der Werbung, sagte ich schon, haben die Männer
die Trottelrolle, und das weit häufiger als in Wirklichkeit. Aber
auch da kommt so etwas natürlich schon mal vor. Zu meiner
Ehrenrettung muss ich aber darauf bestehen, dass ich es mir
meist wenigstens nicht anmerken lasse, eine Gabe, von der ich
weiß, dass Claudia sie hochgradig schätzt.

Diesmal allerdings passierte etwas ausgesprochen Blödes. Ich
erhob mich also, um dann klassisch niederzuknien, und sagte
»Claudia, willst du mich …«, aber mitten in der Bewegung
rutschte ich weg und knallte dann heftig mit der Stirn gegen
die Tischplatte, sodass das »… heiraten?« unter dem Tisch her-
vorkam und ich mir außerdem eine zunächst stark blutende
Platzwunde an der Stirn zuzog.

Claudia sagte erschrocken »Mein Gott, Moritz!« und eilte mir zusammen mit einem Kellner zu Hilfe. Ich berappelte mich etwas mühsam und versuchte, zweckloserweise Haltung zu bewahren, während mir das Blut von der Stirn tropfte.

»Wie bei den Indianern«, sagte ich, »auch gleich mit Blut besiegelt«, und Claudia lachte. Immerhin.

Ich wurde dann nebenan verarztet, aber selbst bis dorthin drang das Gekicher aus dem Restaurant durch. Danke schön dafür. Jedenfalls ging alles ein wenig durcheinander, und natürlich hatte ich keine Antwort auf meine Frage bekommen. Dafür erinnerte mich das Ganze ein bisschen an einen lange zurückliegenden Sandkastenvorfall, nur mit vertauschten Rollen. Claudia hatte damals aber immerhin ein Eis bekommen.

Vielleicht, überlegte ich im Auto, ist die Frage einfach untergegangen in dem Lärm, als ich mit dem Kopf gegen den Tisch geknallt bin. Traurig dachte ich an den auch nie beantworteten Willst-du-mit-mir-gehen-Zettel, den ich ihr in der Schule mal zugesteckt hatte.

Aber untergegangen war die Frage doch nicht, wie sich herausstellte. Denn nachdem Claudia eine Strecke schweigend gefahren war, warf sie mir einen verdächtig glitzernden Blick zu.

»Moritz Petz«, sagte sie dann, »du bist so was von unglaublich – ich wüsste gar nicht, wie ich dich *nicht* heiraten sollte.« Sie grinste breit. »Natürlich sage ich *Ja*«, fügte sie hinzu. Und so war es abgemacht.

Weshalb fällt nun dieser etwas peinliche Vorfall (den ich, zugegeben, am liebsten verschwiegen hätte) unter die Warte-Rubrik?

Eigentlich tut er es nicht. Schließlich habe ich mir – diesmal, wenigstens – die Wartezeit zwischen Frage und Antwort selbst eingebrockt. Und in der Realität, zwischen näherer Bekanntschaft mit der Tischplatte und Autofahrt zurück, war sie nicht einmal sonderlich lang. Für mich aber, und deshalb hab ich's hier (auch schon der Vollständigkeit halber) eingefügt, war es rein gefühlsmäßig die längste Wartezeit meines Lebens. Und daran war ich auch noch selbst schuld.

Na ja, alles in allem fehlte der Sache vielleicht etwas die Romantik. Aber unvergesslich war es schon, so auf unsere ganz eigene Art. Und darauf, schätze ich, kommt es dann wohl doch am meisten an.

11. KAPITEL

Warten auf Schlaf

Claudia, mein Augenstern, hat natürlich ihre Besonder-heiten, schließlich ist sie ein Individuum und kein Abzieh-bild. Das schließt aber nicht aus, dass sie sich in vielem auch sehr typisch weiblich verhält, so, wie ich unumgänglich wohl in vielem eben auch typisch männlich bin. Je nach Gemütslage findet Claudia das mal gut oder mal dämlich (in der Regel hängt das davon ab, ob sie davon profitiert oder nicht), so wie sie mir zuweilen auch entschieden auf die Nerven geht – bloß, damit ich im nächsten Moment wieder feststelle, wie hinreißend sie ist. So ist es eben: Liebe ist kein Dauerzustand, sondern eine Momentaufnahme, die immer mal wiederkehrt. Wenn's gut läuft, herrscht dazwischen Freundschaft oder we-nigstens Waffenstillstand.

Läuft es mal weniger gut, muss diskutiert werden.

Ich glaube, um sich ungebremst zu jeder Tages- und Nachtzeit austoben zu können, haben Frauen die Hormone erfunden. Die erlauben es ihnen, bei Bedarf sofortige Zuneigung zu verlangen, oder, zu jeder Tages- und Nachtzeit, ein offenes Ohr, wenn ein Mann nicht als verständnisloser Macho dastehen will. Das klappt immer, sowohl post- wie auch prämenstrual, und sowieso natürlich dann, wenn ihr Zyklus gerade voll durchstartet.

Männer haben so etwas nicht, und darum fühlen wir uns benachteiligt. Schon als Jungs in der Schule haben wir neidisch auf die Mädchen geschaut, die gerade zum vierten Mal im Monat ihre Periode hatten und deshalb vom betreten-nervös guckenden Mathematiklehrer nach Hause geschickt wurden. Außerdem war die ganze Sache irgendwie geheimnisvoll, und die behutsam angedeutete Märtyrerattitüde der Mädchen (»Sei froh, dass du so etwas nicht hast, es ist so furchtbar!«) ziemlich beeindruckend. Man wollte das geplagte Hascherl sofort trös-ten. So lernen Frauen, dass ihre Periode auch ihre guten Seiten hat, und wie man sie einsetzen kann. Das bauen sie geschickt aus. Erwachsen geworden haben Männer, auch wenn sie keine Mathematiklehrer geworden sind, daher keine Chance gegen den allmächtigen Zyklus, der sich in ihre Beziehung einmischt wie ein zusätzlicher Partner, den sie wachsam im Auge behalten und auch noch berechnen sollen – vielleicht, weil die Mädchen in Mathe so oft gefehlt haben.

Wie jede Frau also hat auch mein Feelein gelernt, dass sie unter voller Deckung ihrer Periode Narrenfreiheit hat und sie mir daher auch ungestraft etwa den Schlaf rauben darf, weil sie unbedingt zwischen Mitternacht und drei Uhr morgens unseren Beziehungsstand ausdiskutieren muss. Mit Vorliebe dann, wenn ich am nächsten Tag einen wichtigen Termin in aller Herrgottsfrühe habe, sie dagegen ausnahmsweise einmal ausschlafen kann. Ihr Zyklus ist dabei zwar kein Thema – oder doch eher selten –, er kommt aber unweigerlich ins Spiel, wenn sie später glaubt, sich rechtfertigen zu müssen. Natürlich nicht so sehr vor mir als vor sich selbst. Gegen den Tanz der Hormone ist schließlich nichts auszurichten.

Unmöglich ist es für mich allerdings herauszufinden, wann mein Endorphinchen wirklich unter dem Einfluss ihrer Hormone leidet (worum ich sie dann, ehrlich gesagt, tatsächlich nicht beneide) und wann sie es bloß einsetzt, weil's gerade so praktisch ist. So will meinem Herzchen an dieser Stelle anscheinend nicht auffallen, dass sie mit dem allzu variablen Einsatz ihrer hormonellen Beschwerden in Wirklichkeit bloß Gefahr läuft, im entscheidenden Moment nicht ernst genommen zu werden. Unklug von ihr, aber das Mittel ist einfach zu verlockend.

Doch so oder so – die mitternächtlichen Diskussionen gehören zu den furchtbarsten Waffen der Frauen und im Grunde völkerrechtlich geächtet. Amnesty International verweist nicht umsonst darauf, dass Schlafentzug eine Foltermethode ist. Allerdings käme dieses Argument, wollte ich es um 1.30 Uhr bei meinem Nachtengel anführen, gar nicht gut an. Abgesehen davon, dass sie sich (wegen der Hormone oder warum auch immer) tatsächlich dem irrationalen Zwang ausgeliefert sieht, Jetzt! Jetzt! Jetzt! mit mir reden zu müssen, hat sie das Schlachtfeld, besser, den Zeitpunkt der Schlacht, ebenso mit Bedacht gewählt. Meine Honigblüte weiß natürlich, dass ich unter Schlafdruck stehe, und diesen Vorteil will sie sich nicht torpedieren lassen: So ist einfach mehr herauszuholen, als wenn sich ihr Jäger frisch und ausgeruht, womöglich noch mit der Aussicht auf Ausschlafen, der Diskussion stellen würde. Außerdem mag sie es, wenn ich mich für sie opfere oder für sie leide, sie fühlt sich dann geliebt. Ich vermute, in den Augen von Frauen hat das etwas Romantisches.

Zu verhindern sind diese Diskussionen nicht, aber ich weiß ganz gut, dass mein Jadekätzchen sich da nur sehr weiblich verhält und nicht anders als viele andere. Tut man sich mit einer Frau zusammen, dann kauft man nächtliche Diskussionen mit ein. Das gehört eben dazu.

Um die Dynamik meiner hormonell aufgeputschten Nachteule ein wenig abzufedern, habe ich natürlich trotzdem schon einiges versucht. Etwa, ihr eine gute Tasse Tee zu machen. Leider musste ich dabei feststellen, dass schwarzer Tee sie erst recht auf Touren bringt, während grüner Tee ihre Ausdauerfähigkeit erhöht. Eine Weile habe ich ihr in meiner Not ein Glas Sekt angeboten, weil Alkohol sie müde gemacht hat. Aber das ist lange her, und inzwischen trinkt sie bei Bedarf auch eine ganze Flasche und ist dabei putzmunter.

Alternativ habe ich schließlich versucht, ein abendliches Johanniskrauttee-Ritual einführen, um meinen Polarstern schon einmal im Vorfeld ein wenig zu beruhigen. Um das unauffällig zu gestalten, musste ich jedoch die Plörre ebenfalls herunterspülen. Irgendeinen Tod muss man eben sterben, dachte ich zwar dabei, aber ich muss gestehen, dass ich das nicht durchhalten konnte.

Folglich habe ich mich auf andere Taktiken verlegt, um die Sache abzukürzen. Zum Beispiel gelobe ich Besserung, auch wenn ich wirklich nicht weiß, worum es geht, was aber sowieso nichts macht, denn Mitternachtsdiskussionen sind immer vollkommen irreal (besonders wenn sie hormonell gesteuert sind). Den Fehler, offen verhandeln zu wollen, um die Sache auf später zu verschieben, begehe ich inzwischen nicht mehr, weil ich begriffen habe, dass sich mein Undercoverengel dann nicht ernst genommen fühlt und das Gewitter, welches sich ohnehin schon über mir zusammengeballt hat, sich darauf mit aller Naturschönheit über mir entlädt (dasselbe gilt leider auch für eine spontane sexuelle Attacke).

Gegenargumente oder -beispiele bringe ich nur noch dann an, wenn ich selbst bis zum Morgengrauen durchmachen will: Ansonsten gebe ich alles zu und bin entsprechend zerknirscht. Außerdem versuche ich, meiner Mondfee nicht nur das Gefühl zu geben, dass sie recht hat – dieses Gefühl hat sie sowieso, und ich muss einräumen, dass sie zumindest manchmal damit auch nicht falsch liegt (nur, müssen wir das wirklich um kurz vor zwei besprechen?) –, sondern ihr auch den Eindruck zu vermitteln, dass sich von nun an alles ändern wird. Das beruhigt sie.

Als echten Etappensieg sehe ich aber vor allem, dass ich bis jetzt noch das nächtliche Unterzeichnen von Geständnissen, Schecks oder sonstigen Dokumenten vermeiden konnte, meist unter Hinweis auf eine spontane Schreibblockade (darunter leiden Autoren ja ohnehin alle fünf Minuten). Als ich einmal besonders dramatisch gelaunt war, stellte ich auch eine plötzliche behandlungsresistente Lähmung meiner Schreibhand fest. Da diese unvermittelte Eingebung gut funktionierte, kam ich dann auf den Gedanken, die Sache noch etwas auszubauen, bloß vom Physischen aufs Psychische überzugehen.

Als ich mich gut einen Monat später wieder einer Mitternachtstalkrunde ausgesetzt sah, ging ich deshalb in die Offensive, wobei ich mir vorstellte, meinerseits gerade völlig vom Leben an und für sich und so wie es ist überfordert zu sein. Da ich mich verzweifelt nach Schlaf sehnte, war es nicht schwierig, sich in diese Idee hysterisch hineinzusteigern – und dann brach es aus mir heraus, ich bombardierte mein Märchenkind mit allen Sorgen und Nöten, die mir gerade einfielen, angefangen davon, dass ich meine Brieftasche vermisste, bis hin zur Klimakatastrophe. Ich steigerte mich so, dass ich mir sogar selbst glaubte, schlagartig todunglücklich war und gar nicht begriff, weswegen mir all das vorher nicht ernsthaft schon aufgegangen war. Ich machte mir Vorwürfe, bisher so sorglos vor mich hingelebt zu haben. Doch wie auch immer – auf diese Weise gelang es mir wirklich, mein Rotkäppchen vom eingeschlagenen Weg zu locken. Urplötzlich war sie voller Sorge um mich und vergaß ihre eigenen Mitternachtsprobleme.

Der Erfolg war so frappant, dass ich kurz mit dem Gedanken spielte, mit einem Weinkrampf noch einen draufzusetzen. Ich verzichtete jedoch darauf, weil ich mir sicher war, dass meine Mondprinzessin mir dann zur Beruhigung einen Johanniskrauttee machen würde. Außerdem fand ich, dass ich sie nicht über Gebühr strapazieren sollte, und vielleicht kam ich mir auch so ein ganz kleines bisschen unfair vor, obwohl ich in Notwehr handelte. Auf jeden Fall aber stellte ich mit einem heimlichen Seitenblick auf die Uhr fest, dass ich auf diese Weise zwei Stunden Schlaf mehr als erwartet in Aussicht hatte. Leider hatte dieses Erfolgserlebnis dann trotz meiner gemischten Gefühle eine so euphorisierende Wirkung auf mich, dass ich stundenlang nicht einschlafen konnte.

Ich weiß ehrlich gesagt nicht, was ich schon alles in tiefer Nacht zugegeben und eingeräumt, geschweige denn, versprochen habe. Ich bin zu müde, um mich daran zu erinnern. Nur klar war natürlich, dass meine Kirschblüte bei Bedarf auf all das zurückkommen würde. Das war auch der Fall, allerdings tat sie es etwas verschämt, weil sie sich daran erinnerte, unter welchen Umständen die angeblichen Vereinbarungen zustande gekommen waren. Peinlich war ihr die Sache doch auch irgendwie.

Hormonelle Hysterie ist eine Eigenschaft, die sich nur die wenigsten Frauen ganz und gar ohne schlechtes Gewissen zugestehen. Und gewiss deshalb fehlte meinem Nachtkätzchen die übliche Vehemenz, obwohl sie sich Mühe gab, möglichst natürlich zu wirken, um das Beste für sich herauszuschlagen. Ich verwies aber schließlich doch erfolgreich darauf, dass ich trotz aller Anstrengung meiner Müdigkeit wegen mit den Gedanken nicht wirklich bei der Sache gewesen war, deshalb an einer partiellen Amnesie leiden würde und außerdem unter Folter (Schlafentzug) gemachte Geständnisse vor Gericht ohnehin nicht verwertbar sind.

Zwar habe ich gehofft, dass dies meinem Edelstein eine Lehre sein würde. Kann sein, dass es so ist. Aber ich bin nicht so naiv zu glauben, dass sie das von weiteren Mitternachtsdiskussionen abhalten wird. Wie gesagt, der Tanz der Hormone ist wohl übermächtig. Hilft wahrscheinlich nur eines: schon mal vorzuschlafen.

12. KAPITEL

Herrenabend

D ie Diskussion kann ich mir in etwa vorstellen«, grinst Alex, der sich im Augenblick, weil neu verliebt, im Ausnahmezustand befindet. Umso mehr, als noch offen ist, ob er landen kann. »Claudia wird begeistert gewesen sein, dass du Jan das Wetten beibringst. Und dann noch mit ihr als Rennpferd.«

»Man muss Jungs das Wetten nicht erst beibringen«, erwidere ich säuerlich. »Und eigentlich war sie viel weniger begeistert davon, dass ich meinem Sohn versucht habe klarzumachen, dass er immer und ewig auf Frauen warten wird. Mehr oder weniger.«

»Das ist ja auch nicht gerade ein positiver Ansatz«, bemerkt Leo, der seinen therapeutischen Beruf auch nicht immer verleugnen kann.

»Schon. Aber soll ich ihm Märchen erzählen?«

»Natürlich nicht. Aber du hättest es ihm schonender beibringen können. Du weißt schon. So eine Vater-Sohn-Kiste. Man nimmt den Jungen in einer ruhigen Minute beiseite und klärt ihn auf.«

»Ach was«, winke ich ab. »Jan ist hart im Nehmen. Außerdem findet er Mädchen noch doof und glaubt im Moment, dass er sowieso mit allem fertig wird. Mit Mädchen erst recht. Außer mit Simone vielleicht.«

Leo nickt versonnen.

»Ach ja«, sagt er. »Einmal wieder daran glauben ...«

»Nur mal unter uns«, hake ich nach, »habt ihr eigentlich nie versucht, eure Frauen davon abzubringen, euch ständig warten zu lassen?«

Leo schüttelt den Kopf. »Also erstens«, sagt er dann langsam, »musst du als guter Therapeut immer wissen, wo die Grenzen jeder Therapie liegen. Zweitens nehme ich nie Arbeit mit nach Hause. Und drittens habe ich mich mit weiblichen Verspätungen längst arrangiert. Wie Millionen andere Männer auch.«

»Dann hast selbst du klein beigegeben«, sage ich deprimiert. Schließlich hat Leo schon von Berufs wegen über andere nachzudenken.

»So würde ich das nicht sehen«, sagte Leo. »Das ist kein positiver Ansatz.«

»Was mich angeht«, wirft Alex ein, »könnte ich stundenlang auf Lena warten, wenn's sein müsste. Schon der Vorfreude wegen.«

»Bei Carola klang das noch anders«, sage ich stichelnd.

»Lena ist nicht Carola«, kontert Alex ungerührt. »Das kannst du nicht vergleichen.«

»Okay«, fasse ich zusammen, »entweder, ihr habt euch abgefunden oder es ist euch je nach Verliebtheitsgrad egal?«

»Hm. Ich glaube, man müsste einfach ein wenig mehr über das Phänomen wissen«, meint Leo nachdenklich. »Wie gesagt, ich habe mich zwar schon Millionen Mal deshalb geärgert. Aber darüber Gedanken gemacht? Nicht wirklich. Frauen lassen einen eben ständig warten. Punkt. Das ist wie von Gott gesandt, so eine Art Naturgesetz. Aber auch die kann man ja erforschen. Also musst du dir erst einmal Informationen beschaffen. Na ja, es wird kaum für eine wissenschaftliche Untersuchung reichen – aber du könntest den ersten Schritt tun. Erste, vorsichtige Rückschlüsse ziehen. Pionierarbeit leisten. Feldforschung betreiben. Vielleicht gehst du mal als Vordenker in die Wissenschaftsgeschichte ein. Der Erste, der weibliches Wartenlassen erforschte. Möglicherweise reicht's dann sogar mal für eine Biografie über dich.«

Leo nahm nachdenklich einen tiefen Schluck Bier. Ich glaubte, ein wenig Neid bei ihm angesichts meiner glänzenden Zukunftsaussichten zu entdecken.

Doch der Gedanke hatte wirklich etwas. Pionier sein – ich sah sofort Bilder aus dem Wilden Westen vor mir. Trapper und Gleisarbeiter. Oder andere Pioniere: Freud, auch wenn er nach dreißig Jahren Berufserfahrung einräumen musste, noch immer nicht zu verstehen, was Frauen eigentlich wollen. Schliemann, der Troja entdeckte und nebenbei noch den Schatz des Priamos. Alles in allem, fand ich, hatte ich eine glänzende Gelegenheit, als der Mann in die Geschichte einzugehen, der ein jahrtausendealtes Problem überhaupt erst als solches erkannte, es dann beschrieb und im besten Falle löste. So rein geschichtlich musste man ja nur an die Königin von Saba denken, die König Salomo endlos und drei Tage warten ließ, bevor sie sich endlich dazu bequemte, ihn zu besuchen und angemessen zu bewundern. Oder die Königin Cleopatra, die erst Cäsar und dann Mark Anton warten ließ, und somit mal eben das gesamte Römische Reich. Und das bei mehr als bloß einer Gelegenheit.

»Okay«, sagte ich gedehnt. »Ich werde der Sache auf den Grund gehen.«

Leo nickte ernst. Wir sahen uns in die Augen. Ich wusste, er war sich der historischen Stunde ebenso bewusst wie ich.

13. KAPITEL

Hals- und Beinbruch!

Das Blöde am Pioniersein ist, dass man nicht wirklich weiß, was einen erwartet. Ich meine, hinterher liest sich das so beeindruckend: zum Beispiel Otto Lilienthal, der Pionier der Luftfahrt. Aber wie oft hat sich der Mann erst einmal auf die Nase gelegt? Mal ganz abgesehen davon, dass er sich zuletzt erfolgreich das Genick gebrochen hat bei seinen Flugversuchen. Das ist überhaupt so ziemlich das Blödeste am Pioniersein: Man muss Opfer bringen. Und bevor man abstürzt und sich das Genick brechen darf, muss man auch noch hartnäckig sein. Und Fantasie entwickeln. Unendliche Weiten betreten, die noch nie ein Mensch zuvor gesehen hat, um das noch mal zu erwähnen. Auf dem Rückweg aus der Kneipe jedenfalls entschloss ich mich zu einem radikalen Schritt. Ich würde tun, was noch nie ein Mann zuvor getan hatte:

Ich würde damit anfangen, meine Lebensgefährtin genau zu beobachten, ihr meine ganze Aufmerksamkeit zu widmen und sie zu analysieren. Und nicht bloß das: Ich entschloss mich darüber hinaus noch, ihr genau zuzuhören. Und das, obwohl die Wissenschaft längst nachgewiesen hat, dass Männerhirne schneller ermüden, wenn sie Frauenstimmen verarbeiten müssen. Ich dagegen würde jetzt alles tun, um wach zu bleiben, wenn Claudia mit mir redete. Ich war sogar gespannt, was sie zu sagen hatte. Komm du mir nach Hause, mein Herzchen, dachte ich, ich werde dir schon dein Geheimnis entreißen. Und damit allen Frauen, denn schließlich ist Claudia ein wunderbares Exemplar der Gattung »Huch! Habe ich dich warten lassen? Das wollte ich nicht!«. Also zur Feldforschung bestens geeignet. Allerdings, das war mir ebenso klar, würde ich auf Samtpfoten meine Forschung betreiben müssen. Schließlich haben Frauen Antennen, von deren Existenz der normale Mann nicht einmal etwas ahnt. Mit anderen Worten: Bis auf Weiteres würde ich ein höchst geheimer Pionier sein. Aber nicht bloß das. Ich würde mir mithilfe meiner Erkenntnisse auch die ein oder andere Gegenstrategie einfallen lassen …

Man sieht: Damals hatte ich noch keine Ahnung, worauf ich mich tatsächlich einließ.

14. KAPITEL

Einkaufen

Wer Visionen hat, sollte zum Arzt gehen, meinte ein deutscher Politiker einmal. Ich sehe das anders – kommt ganz auf die Vision an, würde ich sagen. *Eine* Vision jedenfalls hat mir entschieden weitergeholfen, und damit nähere ich mich noch einmal einem der gnadenlosesten Prüfsteine jeder Beziehung – dem gemeinsamen Einkauf. Es war kurz nach meinem Herrenabend und meine Sinne waren aufs Äußerste geschärft. Ich war wild entschlossen, das Verhalten meines Täubchens genau im Blick zu behalten. Und da sah ich sie plötzlich mit ganz neuen Augen, eben, als wir uns dem Supermarkt zum wöchentlichen Haupteinkauf näherten: Sie trug ein zierliches Weidenkörbchen unter dem Arm, hatte die Haare mit zwei Knöchelchen grazil hochgesteckt und war ansonsten in ein wenig Wolfs- und Bärenfell gewandet, was ihr ausnehmend gut stand. So betrat sie den Supermarkt. Mit anderen Worten: Ich sah sie genau so, wie sie – wenigstens im Supermarkt – ist. Ich sah möglicherweise nicht ihre Buddhanatur, aber immerhin ihre Supermarktnatur. Und das heißt: Hier ist eine Sammlerin am Werk. Sie muss, sie kann nicht anders. Männer jagen. Frauen sammeln. Und das erklärt so einiges. Eine Vision wie eine Erleuchtung.

Doch nur Visionen zu haben ist witzlos. Man muss auch entsprechend reagieren. Und das tat ich dann.

Meine erste Gegenmaßnahme war, mir die Kontrolle über den Einkaufswagen zu sichern. Weshalb das von höchster Wichtigkeit für jeden Mann ist, werden Sie noch sehen. Zugleich aber nahm ich mir vor, in jeder Situation gnadenlos freundlich zu sein. Also ganz anders als sonst im Supermarkt. Ich würde daher auf keinen Fall mit meiner Sammlerin diskutieren oder ihr gar Vorwürfe machen. Wozu auch? Ich hatte plötzlich begriffen, dass sie nur einem steinzeitlich-psychosozialen Programm als Beerensammlerin folgte, hilflos ihrem Muster ausgeliefert. Kann man jemandem daraus einen Vorwurf machen? Nein.

Aber helfen kann man.

Sozusagen.

Das Einsetzen erwähnten Beerensammlerin-Prozesses hatte natürlich zur Folge, dass mein Urzeitmädchen wie alle anderen auch von jetzt an nach allem griff, was bunt war, billig schien und sich nicht oder nur wenig bewegte: Sie sammelte. Sie musste das tun. Sie hatte vergessen, was sie brauchte. Sie wollte einfach haben. Sie wollte mehr haben! Und sie war ganz sicher, erst dann zu wissen, was sie brauchte, wenn sie es gesehen und in Händen gehabt hatte.

Jäger würden natürlich nur an die Stellen im Supermarkt gehen, wo sich ihre Beute aufhält. Erlegen wir etwas Frischwurst und einen Liter Milch. In fünf Minuten wäre der Einkauf erledigt. Aber Beeren sammelt man nicht in fünf Minuten, und gegen genetische Vorgaben sind wir machtlos. Um also meine und die Nerven meiner Marsupilamin nicht sinnlos zu strapazieren, verwickelte ich sie in kleine, unauffällige Störaktionen statt in Streitgespräche. Und da ich unerschütterlich freundlich war, glaubte sie sogar noch einen Verbündeten in mir gefunden zu haben. Normalerweise, unter anderen Umständen, hätte sie das misstrauisch gemacht, aber sie war bereits mit Beerensammeln beschäftigt und folglich nicht ganz auf der Höhe ihrer Beobachtungsgabe, ein Umstand, den ich jetzt weiter zu nutzen verstand. Etwa, indem ich in regelmäßigen Abständen »Und, was brauchen wir noch?« fragte, mit hauchzarter Betonung auf das Wörtchen »brauchen«. Das hatte zur Folge, dass mein Eichhörnchen mich für kooperativ hielt, zugleich aber immer wieder auf den Boden der Tatsachen zurückgeholt wurde. Als einigermaßen guter Jäger wusste ich natürlich selbst, was wir einzukaufen hatten, aber diese Frage stellte sich als hervorragende Bremse heraus, vor allem dann, wenn mein Steinzeitmädchen gerade den letzten Bezug zu Realität, Raum, Zeit und finanziellen Mitteln verlor. Eine probate Ergänzung dazu stellte eine zweite Frage dar:

»Sag mal, weißt du, wo zum Teufel der Magerquark ist?« Oder die Butter oder der Kaffee, ganz egal. Natürlich, mit diesem Mittel machte ich mich endgültig zum Deppen, der zu doof ist, um die einfachsten Sachen im Supermarkt zusammenzuklauben. Aber: Es lenkte meine Sammlerin davon ab, das supergünstige Sonderangebot für 999 Euro in den Einkaufswagen zu wuchten. Lieber wie ein Doofmann wirken, der vor dem offenen Kühlschrank verhungert, als an lauter Sonderangeboten pleitegehen.

Nach kurzer Zeit erweiterte ich mein Repertoire (ich hatte einen glänzenden Tag erwischt) noch um einen optischen Reiz: den auffallend-unauffälligen Blick auf die Uhr. Dabei hütete ich mich jedoch, irgendwie demonstrativ zu wirken. Mir war ganz klar, dass besagter optischer Reiz nicht im Bewusstsein meiner Sammlerin ankommen durfte. Und natürlich lächelte ich weiterhin freundlich. Und probierte, ermutigt durch meine Anfangserfolge (mehr als einmal schon hatte Claudia besonders günstigen Billigramsch wieder ins Regal zurückgelegt, verwirrt und anscheinend, ohne zu wissen warum), eine weitere Idee aus. Jetzt sprach ich sie unvermittelt auf harmlose (!) Familienereignisse, Vorkommnisse im Freundes- und Verwandtenkreis an. Mir war klar, dass ich völlig zusammenhanglos mit diesen Dingen beginnen konnte, denn meine Lebensgefährtin war in diesem Moment nicht in der Lage, das zu durchschauen. Später allerdings, dachte ich, könnte es ihrem umtriebigen

Unbewussten auffallen. Deshalb blieb ich stets in seichten Gewässern und vermied Reizthemen, auf die sie etwa bei einer gepflegten Mitternachtsdiskussion zurückkommen könnte. Und schließlich, als ich auf meine erneut wohlgesetzte Frage »Was brauchen wir denn noch?« keine Antwort von meiner ratlosen Sammlerin erhielt, setzte ich zum Coup de Grâce an. Fröhlich und unbeschwert flötete ich: »Dann stelle ich mich schon mal an der Kasse an!«

Natürlich konnte ich das nur tun, weil ich die Kontrolle über den Einkaufswagen behalten hatte. Es wäre unklug und allzu auffällig gewesen, wenn ich jetzt erst versucht hätte, ihn meiner Lotusblüte zu entwinden. Doch eben weil ich die Kontrolle hatte, machte ich mich jetzt zügig, aber nicht zu auffallend eilig, auf den Weg zur Kasse, meinen Fluchtimpuls unterdrückend. Ich rannte also nicht, wartete aber auch nicht auf meine verwirrte Beerensammlerin. Ich tat, als würde ich ganz natürlich damit rechnen, dass Claudia mir folgte.

Ein wenig, das gebe ich zu, tat mir meine Sammlerin leid.

Ich wusste, sie wollte bleiben. Vielleicht sogar für immer. Oder bis die nächsten Sonderangebote da wären. Sie wollte sammeln. Sie musste! Aber: Ihr Jäger stand schon an der Kasse. Ein unsichtbares Band, dem sie früher oder später folgen musste. Erste Versatzstücke eines zurückkehrenden, wenn auch noch benebelten Realitätssinnes begannen wieder zu arbeiten.

Ihr Gefühl sagte ihr: Bleiben! Sammeln! Kaufen! Haben!

Ihr Kopf sagte: Kasse.

In diesem Zwiespalt gefangen, litt mein Steinzeitwaldmädchen Höllenqualen. Sie hatte auch wirklich mein ganzes Mitgefühl, aber ich hütete mich, sie zu trösten, denn das hätte ihr Misstrauen wecken und das gesamte Manöver zunichte machen können. Also versuchte ich, ihr in diesem schweren Moment einfach unauffällig zur Seite zu stehen, und vermied im Augenblick des Zahlens jedes triumphierende Lächeln. Stattdessen plauderte ich weiterhin harmlos, bis ich bemerkte, dass Claudia wieder voll da war.

Fazit: Natürlich hatte auch dieser Einkauf zehnmal länger gedauert, als wenn ich ihn allein getätigt hätte. Aber man darf auch nicht zu viel erwarten. Doch vor allem: Dieser Einkauf war weitaus billiger gewesen und hundertmal kürzer als sonst. Überdies hatten wir uns nicht ein einziges Mal gestritten oder doof angemacht, und ich war ganz und gar unverdächtig geblieben, ihr den Spaß zu verderben.

Dennoch, etwas war anders gewesen, und noch als sie neben mir im Auto saß, spürte ich ihre Verwirrung. Die ganze Geschichte hatte ihr keine Freude gemacht, irgendwie war sie unzufrieden. Vorwürfe konnte sie mir (im Gegensatz zu sonst) allerdings auch nicht machen. Schließlich war ich kooperativ gewesen, hatte den Einkaufswagen geschoben und ihr die Hände freigehalten, benötigte Dinge geholt, mich mit ihr unterhalten …

Ein Sieg auf ganzer Linie. Es muss einfach mal gesagt werden. Ich wusste es in derselben Minute, erst recht aber, als der nächste wöchentliche Großeinkauf anstand und meine Marsupilamin sagte:

»Ach, Moritz, lass mal, lieb, dass du mitkommen willst, aber ich mach das allein.«

Huch, dachte ich. Wie nett von ihr.

15. KAPITEL

Warten auf die Traumfigur

Ob man will oder nicht: Jede Liebesbeziehung, egal wie individuell sie sich sonst auch immer gestalten mag, folgt dennoch bestimmten Grundregeln. Dazu gehört, dass irgendwann die Frage »Liebst du mich noch« auftaucht (manchmal nur allzu berechtigt). Oder auch die Frage »Findest du mich eigentlich zu dick?«.

Auf die letzte Frage hin ist eine beliebte Komikerantwort: »In Vergleich zu was jetzt?«, aber im realen Leben empfiehlt sie sich nicht. Tatsächlich muss man bei dieser Frage zunächst zwei Dinge festhalten: Erstens gehört sie zu den bodenlosen Gemeinheiten des weiblichen Geschlechts, denn ganz gleich, wie man antwortet, man verliert immer.

Immer.

Und zweitens: Frauen müssen diese Frage stellen. Sie können nicht anders. Sie wissen selbst, dass die Frage saublöd ist und ihren Partner in eine unerfreuliche Lage bringt, denn sie wird seine Antwort nicht glauben; darum ist er ein Lügner und doof, und wenn er hier schon lügt, lügt er auch sonst, man kann ihm also nicht mehr trauen, und das ist der Anfang vom Ende. Sollte er allerdings feststellen, dass er sie wirklich ein wenig zu dick findet, dann gnade ihm Gott, denn dazu hat sie nur selbst das Recht, und es stempelt ihn zu einem oberflächlichen Macho, der sie gar nicht verdient hat.

Doch gleichgültig, wie aussichtslos, müssen Frauen die Frage trotzdem stellen. Irgendetwas (ich gebe zu, ich durchschaue nicht ganz was) zwingt sie dazu, wahrscheinlich der Druck der Medien und der Modeindustrie (die nicht nur bevölkert wird von schwulen Designern, sondern auch von Frauen, die sich zu dick finden – vor allem aber wissen, wie viel Geld man damit verdienen kann). Spätestens innerhalb der ersten sechs Monate einer Beziehung folgt also die Dick-Frage. Claudia schaffte es, das nicht zu tun, und dafür hatte sie meine ganze Hochachtung. Sie fragte nach sieben Monaten.

»Ich weiß, dass du dich zu dick findest«, sagte ich, wobei ich mich sehr verständnisvoll und diplomatisch fand. »Aber ich finde das nicht. Außerdem liebe ich nicht nach Gewicht.« (Die letzte Bemerkung war ein fataler Fehler!)

»So«, sagte sie. »Aha.«

Jeder Mann weiß, was »So. Aha« bedeutet. In diesem Fall: Du findest mich also zu dick, bist aber zu feige, es mir zu sagen. Oder zu rücksichtsvoll – im Zweifel für den Angeklagten. Aber ich, mein Lieber, bin nicht so blöd, auf den Schmus hereinzufallen. Wahrscheinlich wirst du mich irgendwann verlassen, wenn so ein dürrer Hungerhaken mit Endlosbeinen dahergestöckelt kommt. Aber ich werd's dir zeigen. Ich nehme jetzt zehn Kilo ab, und dann verlasse ich *dich*, alter Heuchler!

Natürlich bemerkte Claudia dabei nicht, dass sie bloß auf ihre eigene Propaganda hereinfiel. Schließlich behaupten Frauen immer, dass Männer besser gucken als denken können. Sie sagen das, um einen Vorwand für ungehemmte Shoppingtouren zu haben. Doch im Dick-Fall glauben sie es wirklich. Reingefallen.

Frauen finden sich prinzipiell immer zu dick und glauben nie, dass man sie selbst nicht zu dick findet. Claudia etwa ist kein Strich in der Landschaft – Gott sei Dank. Ich habe (wie jeder einigermaßen normale Kerl) auch lieber etwas zum Anfassen, und damit meine ich gewiss nicht, Rippen zählen zu können. Aber Claudia ist auch weit entfernt davon, dick zu sein. Dass Männer voll auf Hungerhaken abfahren, ist nebenbei vermutlich eine Erfindung schwuler Modedesigner. Für die ist das schließlich auch kein Problem, denn sie haben andere Vorlieben. Doch wie dem auch immer sei – von jetzt an begann Claudia abzunehmen, und ehrlich gesagt, habe ich längst den

Überblick darüber verloren, bei der wievielten Diät welcher Art sie inzwischen angelangt ist. Auszureden ist ihr der Abnehmfimmel jedenfalls nicht – oder nur vorübergehend, wenn die jeweils neue Diät sie völlig ermattet hat und so ihr Widerstand gerade geschwächt ist.

Der Nebeneffekt besteht natürlich darin, dass ich auch abnehmen muss. Gewissermaßen. Nicht bloß, weil meistens Claudia kocht (aus gutem Grund), sondern auch, weil ich mir jedes Zwischendurch zu verkneifen habe, um sie nicht in Versuchung zu bringen und leiden zu lassen. Und da ich meine Jadeblüte nicht leiden lassen will, spiele ich natürlich mit.

Außerdem gehe ich sogar mit zum Sport, und im Laufe der Zeit haben wir da schon einiges kennengelernt. Claudia hat uns zum Beispiel im Fitnessstudio angemeldet. Das war, bevor ihr klar wurde, dass sie Fitnessstudios nicht ausstehen kann, schon allein, wie es riecht, bäh. Moritz Petz allerdings sollte vielleicht weitermachen, sonst wäre ja die Mitgliedschaft ganz umsonst, und außerdem könne ihm das nur gut tun, er bewegt sich sowieso zu wenig und sollte mal nicht bloß am Schreibtisch oder auf dem Sofa herumlungern, sondern seine Abneigung gegen Sport überwinden. Sport ist schließlich gesund.

Claudia schaffte sich derweil einen Hometrainer an; eine gute Gelegenheit, sich mal wieder in der Stadt blicken zu lassen und einen Streifzug durch die Geschäfte zu machen, bevor wir dann im Internet den Trainer bestellten. Der kam pünktlich drei Tage später, Claudia probierte ihn sofort aus, stellte zufrieden fest, dass er gut funktionierte, gab ihm einen Klaps und sagte: »Nun trainier mal schön.« Sie hat sich auch immer wieder vorgenommen, ihm dabei zu helfen, doch so richtig kam es nie dazu. Ein ähnliches Prinzip übrigens, wie Jan es mit seinen Schulbüchern verfolgt, die alle fein säuberlich in seinem Regal aufgereiht sind in einer Ordnung, wie man sie sonst in keiner Ecke seines Zimmers wiederfindet: Nun lernt mal schön, ich treffe mich inzwischen mit meinen Kumpeln.

Mit Sport und Diät hat Claudia mich schon einmal um elf Kilo erleichtert, während sie selbst hartnäckig bei fünf stehen blieb. Fünf Kilo. Kein Gramm mehr. Ich dagegen brauchte neue Hosen und neue Hemden. Wurde gegen meinen Willen gerühmt für mein schlankes, sportliches Aussehen. Claudia dampfte inzwischen aus den Ohren. Dann ging sie Schuhe kaufen. (Was mich endlich begreifen ließ, weshalb dieser Sport bei Frauen so beliebt ist: Er ist tröstlich, erschwinglich und vor allem: gewichtsunabhängig. Für eine Stunde sind ein neues Paar Schuhe wie ein neues Leben.)

Außerdem kam auch mein Herzblatt nicht umhin, den fatalen Frauenfehler schlechthin zu begehen: Nicht bloß, dass ich Sprossen und geschmacklose Diätmampfe in mich hineinstopfen und dabei traurig an die Vergeudung ihres hervorragenden Kochtalents denken muss. Ich werde auch stets über sämtliche Fortschritte und Rückschläge grammgenau unterrichtet – man sollte gar nicht glauben, wie viel Diskussionsstoff das bieten kann –, und es gibt wenig Unerotischeres als das. Zuerst hielt ich das ja für eine spezielle Frauenrache, vielleicht dafür, dass sie meine Antwort auf die Dick-Frage naturgemäß nicht glaubte. Aber schließlich wurde mir klar, dass es gar nicht darum ging (obwohl sie mich selbstverständlich jetzt als typischen Kerl betrachtet, der sie sofort verlassen wird, sobald …). Sondern einfach darum, dass das Thema sie immer wieder beschäftigt und sie sich eben mitteilen will. Und muss.

Folglich: Warten wir gemeinsam auf die Traumfigur. Das perfekte Gewicht. Ich weiß natürlich, dass das ganz sinnlos ist, und tief in ihrem Herzen weiß Claudia das auch.

Doch ein Mittel gegen das Warten auf die Traumfigur ist mir bisher, ich gebe es zu, nicht eingefallen. Sollte irgendein Leser auf eine schlaue Idee kommen – her damit!

16. KAPITEL

Wir müssen reden

Früher dachte ich, es ginge beim Reden mit Frauen darum, zu warten, bis ich zu Wort komme: Das war natürlich ziemlich bescheuert von mir. Dafür bin ich heute schlauer. Neuesten Untersuchungen zufolge reden Frauen nämlich nicht oder nur unwesentlich mehr als Männer, allen Vorurteilen zum Trotz. (Die Verteilung ist nur eine andere. Frauen reden mehr zu Hause, Männer mehr auf der Arbeit.) Das bedeutet allerdings keineswegs, dass es in dem, was Männer oder Frauen beim Reden eigentlich wollen, nicht gewaltige Unterschiede geben würde. Vor allem heißt es auch nicht, dass Claudia nicht trotzdem die Kommunikationshoheit hätte. Oder andere Frauen.

Es gibt kaum einen Satz, den ein Mann mehr fürchtet, als wenn eine Frau zu ihm »Du, wir müssen reden!« sagt. Und nicht nur, weil es über kurz oder lang die Vorstufe zu »Wir können ja Freunde bleiben« ist.

Tatsächlich bewirkt »Du, wir müssen reden« bei Männern häufig eine spontane Cortisolausschüttung, ein Stresshormon, das Schweißausbrüche und Herzklopfen zur Folge hat und meist in Kampf- und Fluchtsituationen ausgeschüttet wird, während es bei Frauen die Geburt einleitet. Wissenschaftler erklären diese männliche Cortisolausschüttung damit, dass der Mann in diesem Augenblick befürchtet, kritisiert, in die Enge getrieben und beschämt zu werden. Ich glaube allerdings, dass es in diesem Moment um etwas ganz anderes geht: In Wirklichkeit fürchten Männer diesen Satz deshalb so sehr, weil sich damit vor ihnen ein riesiges Zeitfenster auftut, ein Zeitraum, den jetzt die Frau bestimmt, und Männer wissen, dass all das eben so anstrengend und ermüdend sein wird wie ein Einkaufsmarathon. Daraufhin verfallen sie in die sogenannte Redestarre, einen Zustand, der automatisiert abläuft, antrainiert meist von der eigenen Mutter durch nicht enden wollende Strafpredigten und Ermahnungen.

Okay. Wenn wir also reden müssen, na gut. Rede du, ich hör zu.

In einem normalen Gespräch lässt der männliche Gesprächspart mehr oder weniger geschickt ein »Hm«, »Verstehe«, »Ja, klar«, »Tatsächlich?« einfließen, wobei er zuweilen nickt und den Blick nicht von ihr lässt, damit wenigstens überhaupt etwas von ihm in ihrer Nähe ist. Ihr soll eben nicht auffallen, dass er in Gedanken auf Bali weilt und gerade ein paar gepflegte Drinks von einer aufreizend leicht bekleideten exotischen Kellnerin serviert bekommt, derweil andere minimal gewandete Mädels ihm und den beiden Extraschönheiten zu seiner Linken und Rechten lächelnd Luft zufächeln. Oder er befasst sich mit der nächsten Mannschaftsaufstellung seines Lieblingsvereins. Oder mit ähnlich wichtigen Dingen. Kurz, Männer warten darauf, dass es vorbeigeht. Das kann dauern. Von daher ist Bali, mit Hin- und Rückreise, ein realistisches Ziel.

So gestaltet sich also der übliche Ablauf, nur – man sollte nicht glauben, dass Frauen das nicht wüssten. Frauen haben einen Spürsinn, der durchaus bis Bali reicht. Claudia etwa könnte mir jetzt ziemlich genau sagen, welche Körpermaße die Schönheit links von mir hat und wo sie schummelt, welchen Schulabschluss die erste Luftwedlerin und was der Großvater der Kellnerin in seiner Jugend beruflich getan hat.

Aber, mag man sich fragen, wenn sie sowieso weiß, dass ich gerade auf Bali bin – wieso kaut sie mir dann ein Ohr ab?

Entgegen der naheliegenden Vermutung, dass es sich hier um eine Art Psychosadismus handeln müsse, will Ihre Gefährtin dagegen wahrscheinlich einfach nur Dampf ablassen (Nein – Sie sollen gar nicht ihre Probleme lösen, es sei denn, sie bittet Sie direkt darum!). Sie will schlicht und einfach irgendwie zu Ihnen durchdringen, genau das also, was Sie verhindern wollen. Sie sucht nach Bestätigung und Übereinstimmungen, und deshalb ist sie Ihnen klaglos nach Bali gefolgt. Manchmal allerdings will sie auch tatsächlich Unterstützung: Denn als Sie eben »Ja, klar« gesagt haben, hatte sie gerade gefragt, ob Sie ihr nicht am nächsten Sonntag den Umzug von ihrer Wohnung im fünften Stock (ohne Lift) in ihre neue Behausung im zwölften Stock (mit defektem Lift) richten können. Ups – das haben Sie gar nicht bemerkt?

Das liegt daran, dass Sie grundsätzlich noch auf dem Stand von Muttis Predigten, die Frauen aber inzwischen andere sind, die anderes von Ihnen wollen. Es funktioniert also nicht zu warten, bis Mutti fertig ist und Sie mit der Eisenbahn weiterspielen dürfen.

Andererseits allerdings, und da liegt das Problem, würden Sie wahnsinnig werden, wenn Sie versuchten, einer Frauenunterhaltung ernsthaft zu folgen. Darauf sind Sie nicht angelegt, denn während Frauen in Gesprächen sich ihre Meinung bilden wollen und die Beziehung pflegen, sind Sie eher darauf gepolt, schlicht Informationen auszutauschen, Entscheidungen zu treffen und sich nebenbei ein wenig darzustellen. Auf jeden Fall aber sind die Gesprächsstile völlig unterschiedlich. Ein Wunder, dass überhaupt irgendeine Form von Austausch zustande kommt.

Diese Unterschiedlichkeit sollte man bedenken, wenn Sie sich eine Strategie zurechtlegen wollen, um das Gespräch etwas abzukürzen und sich wieder wirklich relevanten Dingen zuzuwenden (Bali, Mannschaftsaufstellung). Dafür müssen Sie notgedrungen kurzzeitig etwas wach sein, aber es lohnt sich – unter Umständen schaffen Sie's sogar, rechtzeitig zur Sportschau fertig zu werden.

Deshalb: Bedienen Sie Ihre Schmusekatze, tun Sie das zügig (aber nicht überhastet, sonst wird sie misstrauisch, und das ist der Anfang vom Ende). Und von vornherein: Nehmen Sie ihr den Wind aus den Segeln, indem Sie sich in einen Kümmerer verwandeln, um als Erstes die emotionale Ebene, um die es Frauen besonders geht, abzudecken. Seien Sie verständnisvoll und signalisieren Sie Zuneigung. Sie können es auch einmal mit einer Überrumplungstaktik versuchen und sagen: »Mein Krümelchen« (oder wie Sie Ihre Gefährtin sonst zu titulieren pflegen), »bevor du loslegst, wollte ich dir nur mal eben noch ganz schnell sagen, dass ich dich liebe.«

Damit haben Sie bereits einen wichtigen Treffer auf der Gefühlsebene gelandet, und Ihre Pusteblume muss sich daran schon mal nicht mehr abarbeiten. Ein ihr völlig neues und unbekanntes, verwirrendes Gefühl der Zufriedenheit wird sich bei ihr einstellen. Außerdem: Sollte sie gerade ihr Arsenal mit Vorwürfen ausgepackt haben, dämpft das schon mal etwas den Schwung.

Um diesen Elan etwas abzufedern, sind auch kleine Übersprungshandlungen praktisch: »Okay, aber bevor wir reden, wie wär's, wenn ich uns erst einmal einen Kaffee mache?« Auch solche Vorschläge stärken bei ihr das möglicherweise gerade etwas schwächelnde Wir-Gefühl.

Eine weitere Möglichkeit ist, wie ich festgestellt habe, die Aufmerksamkeit auf eine andere Baustelle zu lenken. Das ist unbequem, möglicherweise aber unumgänglich, um Schlimmeres zu verhüten. Also greife ich entsprechend ein, wenn das Gespräch eine ungute Wendung nimmt:

»… wobei mir gerade einfällt, meine Scheherazade«, sage ich etwa relativ zusammenhanglos, »du wolltest doch die Fußleisten im Flur gestrichen haben. Wenn ich jetzt gleich zum Baumarkt fahre, um die Farbe zu holen, schaff ich's grad noch. Du kannst ja mitkommen, wenn du willst, und wir reden dann weiter …«

Besonders ein so praktischer Vorschlag, der etwas behebt, was meiner Liebsten schon lange ein Dorn im Auge ist, hat Aussicht auf Erfolg. Mit einiger Wahrscheinlichkeit ist damit das ganze Thema vom Tisch. Falls jedoch nicht, hole ich mir doch etwas Rückhalt und Stärkung auf einem Männerspielplatz (Baumarkt), der andererseits naturgemäß den Schwung meiner Partnerin schwächt. Mitkommen wird sie allerdings vermutlich sowieso nicht, denn Baumärkte sind für Claudia wie für viele andere Frauen das, was Kryptonit für Superman ist.

Natürlich kann das auch darauf hinauslaufen, dass meine Gefährtin sich zu mir gesellt, während ich Fußleisten streiche, weil sie glaubt, ich könnte ihr dann nicht entkommen. Aber die Voraussetzungen für das dann folgende Gespräch haben sich völlig verändert: Ich tue etwas, was mein Herzchen schon lange wollte – das gibt Pluspunkte –, und aufgrund dieser Tätigkeit habe ich zahllose Möglichkeiten, ihren Fluss immer wieder zu unterbrechen (Handreichungen!). Außerdem wird sie es nicht auf eine Auseinandersetzung ankommen lassen, weil sie weiß, dass sie sonst selbst die Fußleisten zu Ende streichen muss. Und das hasst sie.

17. KAPITEL

Warten auf Versöhnung

Ich muss an dieser Stelle Claudia einmal loben. Ausdrücklich. Sie gehört nämlich nicht zur Mucksch- und Maulfraktion ihres Geschlechts, darauf legt sie Wert. Murrende und maulende Zeitgenossen, ob Männlein oder Weiblein, sind ihr ein Gräuel, damit kann sie überhaupt nichts anfangen. Sie hat es lieber klar und eindeutig. Auch der Petz Moritz sollte nicht maulen und murren, sondern lieber sagen, was er hat. Das tut er dann auch, naiv wie er ist, und wird für seine Offenheit ausdrücklich belohnt, denn Claudia mault, murrt und muckscht tatsächlich nicht.

»So«, sagt sie stattdessen beispielsweise, wenn der Petz eine Klage vorbringt. »Aha.«

Nach dieser wortreichen, verständnisvollen und innovativen Entgegnung wird sie dann höflich. Betont höflich. Freundlich und vielleicht einen Hauch distanziert. Fast schon vornehm. So sehr, dass sie ihren Lebensgefährten nun sogar als Herrn Petz tituliert:

»Und, Herr Petz, ist es Ihnen jetzt so recht? Ja? Fein.«

Klack, klack, klack. Das geht wie eine frisch geölte Guillotine im Akkord. Sollte Herr Petz jetzt aber auf den Gedanken kommen, ihr nahezulegen, vielleicht wieder zu einem normal menschlichen Umgangston zurückzukehren, dann, ja dann muss er sich anhören, dass sie es ihm nie und sowieso nichts recht machen kann, und wie viel Plage und Mühe sie doch ohnehin schon das Leben an der Seite eines solch ein wenig verpeilten Schriftstellers kostet. Da opfert man sich auf, tut und macht, aber Undank ist der Welten Lohn. Dabei, sie erwartet nicht einmal Dankbarkeit, nein, sie ist ja schon glücklich und zufrieden, wenn die Dinge in erfreulichen Gleisen verlaufen, dafür tut sie gern alles und freut sich über jeden Erfolg – den des Moritz Petz ebenso wie den Erfolgen *seiner* Kinder. Andererseits aber, muss sie sich angesichts *solcher* Bemühungen, von denen er ja wohl *im Ansatz* nicht einmal etwas *ahnt*, da er ja sowieso zu sehr mit *sich selbst beschäftigt* ist, typisch *Mann* übrigens, muss sie sich da also noch kritisieren lassen? Was *tut* sie nicht alles, und worauf hat sie, aber das nur nebenbei, nicht auch schon alles *verzichtet*, nicht nur für ihn, sondern auch für seine Kinder. *Aber nein*, der hohe Herr muss selbst da noch daherkommen und herumkritteln, tststststs. Ist das eigentlich gerecht? Und überhaupt, warum eigentlich immer sie?

Das geht dann noch eine Weile so, und der Herr Petz sitzt staunenden Auges dabei und betrachtet das Unwetter, welches auf ihn niedergeht und von dem er inzwischen weiß – durch Erfahrung zwar klüger geworden, aber eben manchmal doch zu unbedacht, um auch Konsequenzen daraus zu ziehen –, dass es eine Weile dauern wird, bis sich Frau Petz (die bei der nun folgenden Diskussion überraschend ihren Mädchennamen Müller annimmt) wieder beruhigen wird.

Nein, sie mault, murrt und mucksct natürlich nicht, aber ihre Verletzung zu zeigen, *das wird ja wohl noch erlaubt sein, etwa nicht?* Oder möchte ihr Herr Petz *auch das noch* untersagen? Sollte sie vielleicht *ganz* den Mund halten? Wäre ihm das *lieber*? War seine Ansage, Wert auf eine gleichberechtigte Gefährtin zu legen, vielleicht bloße *Männerpropaganda*? Ist ihm das vielleicht dann doch nicht ernst, sobald es *ungemütlich* wird? Wünscht er sich klammheimlich vielleicht doch die Zeit des *Patriarchats* zurück?

Klack, klack, klack geht die kleine Guillotine, und längst hat des Petzens Amazone das Kampfgebiet so ausgedehnt, dass kein Fernglas mehr dafür ausreicht. So könnte man fast den Überblick verlieren – allerdings haben die beiden solche Dinge nun schon des Öfteren durchexerziert, und so leicht lässt sich der Herr Petz auch nicht mehr aufs Glatteis führen.

Zuerst aber muss er sich mal überlegen, ob er jetzt wirklich doof war – so was kommt (beiderseitig übrigens!) schließlich in jeder Beziehung mal vor – oder ob seine kämpferische Gefährtin vielleicht sowieso schon auf dem Kriegspfad war und er sich grad nur als erfreulich-naive Zielscheibe angeboten hat. (Die Ausweitung des Kampfgebietes spricht sehr für Letzteres.) Entsprechend verhält er sich dann.

Claudia aber nicht. Ob real oder nicht, sie ist jetzt verletzt; seelische Schmerzen aber toben sich im selben Hirnareal aus wie körperliche Schmerzen – und schließlich, körperliche Wunden brauchen ja auch eine Zeit, bis sie wieder verheilen. Die schwere, geradezu traumatische Verletzung, die der Herr Petz ihr so nonchalant mit voller Absicht zugefügt hat (sowieso ist er ein grober Klotz und im tiefsten Innern seiner schwarzen Seele ein brutaler Macho ohne Ende), wird also auch eine Zeit brauchen, um zu verheilen. Das hat aber nichts damit zu tun, dass sie muckschen oder herummaulen würde, wenn er das bitte zur Kenntnis nehmen würde.

Das tut er dann auch. Und je nachdem, wie der Fall gerade liegt, ist er seinerseits verständnisvoller Blitzableiter oder selbst ziemlich angefasst. Womöglich sogar noch ärgerlich auf sich selbst, wenn er wirklich zu der Erkenntnis kommt, ausgesprochen blöd und tatsächlich verletzend gewesen zu sein.

Doch wie dem auch sei, nun herrscht erst einmal Eiswetter: Manche Wunden müssen gekühlt werden. Das gilt allerdings in Claudias Fall nicht fürs Bett. In einer schwachen Minute hat sie ihm einmal gestanden, dass sie sich mit Sexverweigerung schließlich ins eigene Fleisch schneiden würde, und so blöd ist sie ja nun auch wieder nicht. Im Bett jedenfalls geht es nun eher hitziger zu, Frau Claudia Müller wird sozusagen zupackender, und Herr Petz macht nähere Bekanntschaft mit ihren Fingernägeln.

Das nimmt er dann auch mal so zur Kenntnis.

Wenn Frau Müller und Herr Petz auf der Grundlage einer solchen Gesamtsituation übrigens telefonieren, funktioniert das dann auch plötzlich über die reine Informationsschiene. Doch, doch, Claudia kann sehr wohl alles Zierwerk und jeden Ausflug in hübsche kleine Nebensächlichkeiten weglassen, wenn sie will. Zack, zack, zack und nach zwanzig Sekunden wieder aufgelegt. Eigentlich findet Herr Petz das nun gar nicht mal so schlecht – deine Info, meine Info, fertig –, doch trotzdem: Irgendwie fehlt ihm etwas. Er fängt an zu vermissen. Wo ist seine Geliebte abgeblieben? Und bleibt das jetzt so, bis ans Ende ihrer Tage?

So kommt er einem neuen physikalischen Wunderwerk auf die Spur, das nur Frauen anrichten können: Durch Kälte auf kleiner Flamme rösten. Wie machen sie das? Und wie können sie das durchhalten? Vor allem aber: Wie legt man den Schalter wieder um?

Bei manchen Frauen reichen Blumen plus Kniefall, Scheck, freiwillige Reparaturen am Haus, notariell beglaubigte Unterlassungs- und Verzichtserklärungen sowie geschenkte Autos und Häuser, entsprechende testamentarische Verfügungen und einen Monat lang abwechslungsreiche romantische Abende mit abschließender Ganzkörpermassage, um sie wieder einigermaßen zu versöhnen (was nicht heißt, dass sie *vergessen* würden!).

Bei Claudia genügt das nicht. Ausgerechnet ich habe mir eine in solchen Dingen völlig unbestechliche Gefährtin ausgesucht. *Damit kriegst du mich auch nicht, mein Lieber*, blitzen ihre Augen, derweil sie spitz »Schön, dass du mal daran gedacht hast, Herr Petz« sagt.

So treibt sie ihn weiter ein wenig vor sich her, das macht Spaß. Bis der Moritz Petz langsam gar ist. Doch dann kommt plötzlich und unerwartet der Umschwung:

Entweder, weil sie irgendetwas Erfreuliches erlebt hat und für einen Moment ihre schwere Kriegsverletzung vergisst (zurück kann sie dann ja nicht mehr, schließlich mault und muckscht sie nicht), oder aber, weil sie gerade etwas von ihm will, wo er ihr entgegenkommen soll. Oder, drittens, und dies ist das eigentliche Phänomen: Sie spürt, dass der Herr Petz gleich nicht mehr nur gar ist, sondern seinerseits so heißgelaufen, dass er in der nächsten Sekunde detonieren wird, und zwar ausgesprochen nachhaltig. Was sie dann doch wieder nicht so richtig will.

Diesen Punkt erwischt sie immer. Frauen können das irgendwie, Männer eher weniger, scheint's. Gerade, bevor der Vulkan jetzt aber mal richtig losbricht, wird er mit einem strahlenden Lächeln erstickt. Poff, macht es stattdessen nur leise, und ein kleines graues Wölkchen wird vom Wind verweht. Das war's dann mit dem Vulkanausbruch. Ich weiß auch nicht, wie sie das immer wieder hinkriegt. Wahrscheinlich ist der weibliche Instinkt dafür aber eingebaut und wird gleich mitgeliefert, denn selbst Leo ist mit aller beruflichen Kenntnis und aller professionellen therapeutischen Hintergrunderfahrung ähnlichem Verhalten bei Bettina hilflos ausgeliefert, wie er mir neulich verschämt eingestand. Folglich handelt es sich also einfach irgendwie um Natur. Ich verstehe nur nicht, was sie sich dabei gedacht hat.

»Ist doch ganz klar«, wirft Alex, der Naturwissenschaftler – der zur Zeit rein liebestechnisch etwas gestresst ist –, düster ein. »Die Natur duldet keine ungleichen Verhältnisse. Die Frau an sich also gleicht die physische Überlegenheit des Mannes durch eine natürliche Hinterlist wieder aus. Ins Ungleichgewicht ist die Sache aber trotzdem gekommen. Schließlich dürfen wir Frauen heutzutage nicht mehr hauen.«

Er seufzt und starrt weiter traurig in sein Bier.

Ach so. Dann ist ja alles klar.

18. KAPITEL

Kinder

Kinder bereichern das Leben – vor allem, wenn es ums Warten geht. Wenn man sich eines wünscht, dauert es, bis es klappt (es klappt nur dann schnell, wenn man auf keinen Fall ein Kind will). Dass die Schwangerschaft – die endlose Möglichkeiten zu erschreckenden Einkaufsbummeln jeder Art eröffnet – meiner Liebsten neun Monate dauern sollte, stellte sich auch nur als Gerücht heraus. Gefühlt waren es neun Jahre, die ich vor allem mit Warten auf meine Liebste verbrachte; Wartezeiten, die sich mit zunehmender Schwangerschaft und Unbeweglichkeit meiner Süßwasserperle bis ins Unendliche zogen. Unterbrochen wurden sie lediglich von hübschen kleinen mitternächtlichen Ausflügen, in denen ich versuchte, saure Heringe in diesem 24-Stunden-Geschäft am Hauptbahnhof aufzutreiben, um beim Nachhausekommen festzustellen, dass meine Schöne sich beim bloßen Gedanken daran schon erbrechen und jetzt lieber Lakritz wollte, nein, brauchte, unbedingt, sonst müsse sie sterben.

Selbstverständlich wurde ich neben den gewöhnlichen Großeinkäufen auch auf Babybasare gezerrt, um all den Krempel, der unabdingbar ist für Kind und Kegel, wenigstens einigermaßen günstig zu erstehen. Claudia war dabei mit einem containerartigen Korb bewaffnet, in den nur noch hineingeschaufelt werden musste – das flutschte wie gekochter Spargel. Ich selbst erhielt die Aufgabe, ihr Leibwächter, Schild und Schwert zu sein. Das hieß, ich hatte mich, mindestens mit den Ellenbogen, gegen andere Kerle durchzusetzen; und zum ersten Mal durfte und musste ich sogar, gesellschaftlich legitimiert, Gewalt gegen Frauen anwenden, um überhaupt nur einige der Aufträge Claudias (Flaschenwärmer, Wickeltaschen, Babyphone) abzuarbeiten und um nicht zum Verlierer des Tages gewählt zu werden. Mit anderen Worten: Auf einem Babybasar ist ein

Mann noch ein Mann, eine Entdeckung, die mich hochgradig verblüffte. Entziehen konnte ich mich dem Kampfgeschehen kaum und wollte es im Interesse meines Kindes nicht einmal. Doch, hat Spaß gemacht, trotz blauer Flecken, Prellungen und der angeknacksten Rippe.

Dass Jan zwei Wochen zu früh und Simone zwei Wochen zu spät zur Welt kamen, hätte mich stutzig machen sollen. Gebe ich zu. Ich stutzte jedoch nicht. Ich war einfach froh, dass die Warterei ein Ende hatte, und natürlich schlicht froh des Ereignisses wegen.

Aber zuerst hatte ich im Krankenhaus zu warten, bis Mutter und Kind endlich übereingekommen waren, dass die Aktion nun doch zügig durchgezogen werden sollte. Natürlich hielt ich dabei Händchen, in Wirklichkeit der tief unbewusste Versuch Claudias, mir eine lebenslange Behinderung zu verpassen, da sie meine Hand mit aller Gewalt quetschte und in einem unbeobachteten Moment auch versuchte, sie mehrfach zu brechen. Andererseits dachte ich, dass meine Schmerzen dabei ein Witz im Vergleich zu denen meiner Lebensgefährtin seien, also stellte ich mich nicht so an, und der Gips konnte schließlich auch schon zwei Wochen später wieder herunter. Ihre wüsten Beschimpfungen dagegen, die im Kreißsaal auf mich niedergingen, musste ich länger verarbeiten. Manchmal bin ich wohl doch ein Seelchen.

Zu Beginn machte Junge oder Mädchen wenig Unterschied. Zu meinem Entzücken pinkelten mich beide voll, und beide plärrten gern mitten in der Nacht los. So weit, so schlaflos. Erneut hätte ich vielleicht stutzen sollen, dass Simone schwieriger zu beruhigen war – zuweilen nur mit einer kurzen Autofahrt durch die mitternächtliche Gemeinde. Dann begannen die Parkplatzsuche und der lange Fußweg zurück nach Hause. Beim Aufschließen der Wohnungstür legte sie dann wieder los. Und so weiter.

Ich dachte mir aber nichts dabei. Ich war zu müde.

Trotzdem aber entdeckte ich erste, neue Dimensionen des Wartens. Warten auf den ersten Zahn, den ersten Schritt, das erste Wort (ich setzte alles daran, dass sie »Papa« sagten, sie sagten »Hund« – beide).

Immer wieder spannend auch unsere Versuche, mit den Kindern das Haus zu verlassen.

Frauen eröffnen einem im Laufe der Zeit eine ganze Welt von Wartemöglichkeiten. Töchter aber machen dir klar, dass es darüber hinaus noch ein ganzes Universum gibt, und sie fangen früh damit an. Simone etwa war von klein auf ein hochbegabtes Kind in allen Fragen des Ausziehens. Sie war besessen von dem Gedanken, dass Kleidung etwas Unnatürliches, sie aber ein sehr natürliches Kind ist. Folglich war sie ebenso schnell wieder ausgezogen, wie wir sie mühsam angezogen hatten (sich selbst anziehen konnte sie angeblich nicht). Wenn wir loswollten, mussten wir also eine Extrastunde dafür einplanen, Simone anzuziehen, und durften sie danach keine Sekunde aus den Augen lassen, da sie sich sonst sofort aller Kleidungsstücke entledigte und vor uns flüchtete. Meistens warf sie dazu ihre Sirene an – unsere Nachbarn müssen wer weiß was gedacht haben, denn Simone kann Fensterscheiben klirren lassen. Einfach so, ohne viel Mühe.

Dieses Spielchen jedenfalls spielte sie mit Vorliebe, und sie schaffte es immer irgendwie, uns mindestens einmal auszutricksen. Kein Gedanke also, etwa spontan irgendwohin aufzubrechen. Jede Unternehmung musste strategisch geplant sein und ohne Vorwarnung über Simone hereinbrechen. Hatten wir sie endlich angezogen, mussten wir sie dann abwechselnd bewachen, bis wir das Haus verlassen konnten. Selbst dann aber war die Gefahr noch nicht vorbei.

Als diese Phase vorüber war – der einzig tröstliche Gedanke bei Kindern ist ohnehin, dass alles nur eine Phase ist –, entdeckte sie, dass Kleidung Spaß machen und man die Eltern wunderbar auch über diesen Weg terrorisieren kann. Jetzt musste es stets ein ganz bestimmtes T-Shirt sein (»Ich will aber das, wo draufsteht: *Das wird schon!*«), ein ganz bestimmtes Röckchen, eine ganz bestimmte Hose und bei Matschwetter nur die Sandalen mit der Fee drauf, weil die kleine Fee es heute so angeordnet hat.

Jan dagegen entwickelte eine eigene Variante: Er bevorzugte früh den bequemen Clochard-Chic und war keinem Argument zugänglich, warum man vielleicht, und sei es nur um die Augen der Mitmenschen zu erfreuen, wenigstens zu Besuchen oder an bestimmt nur ganz, ganz seltenen Feiertagen nicht in bis zum Bund matschverkrusteten Hosen herumlaufen sollte, passend zu dem seit Anfang der Woche dreimal täglich bekleckerten Lieblingspullover. Aber ehrlich gesagt – gegen Simone war er noch Gold.

Irgendwann gab ich mich keinen Illusionen mehr hin, dass es später vielleicht besser werden könnte. Wenn die Kinder größer, vernünftiger geworden sind.

Und richtig: Natürlich müssen wir auch jetzt darauf achten, dass das eine wenigstens einigermaßen bekleidet und das andere nicht als Clochard das Haus verlässt – was noch mehr Überzeugungsarbeit kostet als früher. Zudem haben wir nicht mehr das Mittel der Gewaltanwendung zur Verfügung, nur noch das des Taschengeldentzugs, und seit die beiden jobben, will auch das nicht mehr so richtig ziehen. Wir haben Glück, wenn sie überhaupt mitkommen, Simone nicht ein Pickel im Weg steht, weshalb sie das Bad nicht mehr verlassen will, oder Jan die Sinnlosigkeit allen Daseins bereits altersweise durchschaut hat, weswegen jedwede Aktivität ohnehin nutzlos ist, oder beides.

Kurz, Kinder jeden Alters sind ein Wartefaktor, der nicht mehr messbar ist. Mir scheint es beinahe unmöglich, sich darauf einzustellen. Die Behauptung, dass Kinder bei aller Plage und Mühe einem dafür auch »so viel zurückgeben«, darf man übrigens getrost ins Reich der hoffnungslosen Romantik zurückweisen, es sei denn, es sind damit zahllose Kinderbilder gemeint, deren Aussage oder Inhalt nicht erkennbar ist, was man allerdings nicht äußern darf, um die zarten Seelchen der kleinen angehenden Künstler nicht zu traumatisieren. Immerhin war Fantasie gefordert, wenn wieder ein neues Kunstwerk, das aus bunt gekritzelten Spiralen in einem dunklen Fleck bestand, vorgelegt wurde (»Aha … Schlangen in einer dunklen Höhle! Das hast du aber ganz toll gemacht!«). Doch, auch das trainiert.

Besonders bedrohlich wurde es natürlich, wenn ich mit Kind und Frau einkaufen ging. Meine Liebste zerrte nach rechts (Schuhgeschäft!), meine Kinder nach links (Spielzeug!). Pest oder Cholera.

Im Zweifel zog ich das Spielzeuggeschäft vor: Zum einen, weil hier keine Schuhe geführt werden, auch Kosmetik, Handtaschen und Hüte sind eher seltener. Zum anderen gibt es immerhin noch einiges Interessantes zu sehen – Eisenbahnen und Automodelle etwa, und natürlich allerlei technischen Krimskrams. Tödlich allerdings die Barbie-Ecke: Hier übte Simone für spätere Schlachten, zunächst noch, etwas naiv, indem sie neue Niedlichkeitsrekorde aufstellte und runde Kulleraugen machte. Für die folgenden Stunden würde ich der beste Vater der Welt und aller Zeiten sein, wenn ich mich breitschlagen ließe, die neue Scheidungsbarbie für sie zu kaufen. Für Jan galt dasselbe in der Abteilung Actionfiguren. Und wie unverbraucht er plötzlich war, wie viel Ausdauer und Standvermögen er bewies, während er vorher in der Kinderbekleidungsabteilung vor Schwäche fast zusammengebrochen war. Und wie gewitzt sich beide unvermittelt zeigten bei den unweigerlich folgenden Verhandlungsversuchen, etwa der Verpfändung des Taschengeldes bis 2053, Versprechen auf eine persönliche Leibrente, eine eigene Villa und einen Learjet bei sofortigem Kauf der Glitzerprinzessin oder des realistischerweise mit Laserkanonen bewaffneten Baggers. Das erfüllt einen Vater dann doch mit Stolz.

Als beide weitgehend aus dem Spielzeugalter heraus waren, änderten sich die Dinge nicht prinzipiell, nur die Geschäfte. Allerdings hatte ich einen theoretischen kleinen Vorteil, zumindest was Simone anging, denn ich behauptete, von all dem Frauenzeugs keine Ahnung zu haben. So gelang es mir meistens, sie auf Claudia abzuschieben. Zugegeben kam mich das teuer zu stehen, doch inzwischen hat sich die Erkenntnis, dass Zeit eine wichtigere Ressource ist als Geld, ja allgemein durchgesetzt.

Anders lief die Sache natürlich mit Jan. Unsinnigerweise behauptete Claudia, sie verstünde nichts von diesem ganzen Jungen- und Männerkram und versuchte so, sich ihrer natürlichen Aufgabe zu entziehen. Doch immerhin, Jan konsumiert (trotz der Sinnlosigkeit allen Seins) wenigstens einigermaßen zielgerichtet, außerdem konnte ich mich bei ihm besser freikaufen, weil er sowieso lieber mit seinen Kumpeln und nicht mit seinem Altvorderen losziehen will.

Simone ist da durchtriebener, sie weiß, dass sie immer noch etwas mehr herausholen kann, wenn sie mit mir loszieht, und entsprechend werde ich zuweilen belagert. Sie ist der schrecklichere Gegner, denn im Laufe der Jahre hat sie sich nicht nur alle Strategien von ihrer Mutter abgeschaut, sie entwickelte auch eigene, neue Taktiken und tauscht sich überdies mit ihren Freundinnen aus, um so ihren Einkaufshorizont zu erweitern, der bis zur schamlosesten emotionalen Erpressung reicht (und, aber das nur nebenbei, sie inzwischen sogar Claudia überlegen gemacht hat). Spätestens in dem Moment, in dem sich die sonst so strahlenden Augen meiner Tochter mit Tränen füllen und sie mir voller Enttäuschung leise zuflüstert: »Aber ich hab doch immer gedacht, du bist der beste Papa von allen, und der beste Papa der Welt würde mir doch dieses Kleid kaufen, so etwas tun Papas doch, die ihre Töchter lieben …«, breche ich zusammen und bin bereit, mich notfalls finanziell vollständig zugrunde zu richten. Lieber in der Gosse enden und weiterhin der beste Papa der Welt sein, als das ertragen müssen.

Ich begreife, dass das der Lauf der Dinge ist: So hocke ich schließlich in feinstem Clochardzwirn (von Jan geborgt) am Straßenrand und halte meinen Hut hoch, derweil meine glückliche Tochter im Cabrio ihres Lovers mit ihm mal eben einen kurzen Abstecher nach Monaco macht. Gut, sie würdigt mich vielleicht keines Blickes, aber dafür trägt sie das Kleid, das ich ihr gekauft habe.

Und vielleicht kommt sie hier irgendwann mal wieder vorbei und wirft mir einen Euro in den Hut.

Ich kann warten.

19. KAPITEL

Mütter

Was immer auch Björn davon halten mag, ich finde Mütter praktisch. Schließlich kann man ihnen für alles die Schuld geben. In seiner Kindheit wurde man zu wenig von ihr geliebt, und deshalb war diese Kindheit hart, oder zu viel, und deshalb war sie noch härter. Mal hat Mutti einem ein Übermaß an Urvertrauen eingeimpft, sodass man Risiken eingeht, die jeden normal denkenden Menschen erschauern lassen, oder sie hat das Urvertrauen auf irgendeiner Parkbank liegen gelassen und vergessen, und darum kann man eben nichts dafür, dass man so mutig wie ein Zwergkaninchen ist. Hat man rein lebenstechnisch eine vollständige Bruchlandung hingelegt, kann man sagen, dass Mama einen halt nicht lebenstüchtig hinbekommen hat, und wenn man andererseits in seinem Leben alles abräumt – Glück, Geld, Gesundheit, Frauen –, kann man damit angeben, dass man es trotz der eigenen Mutter geschafft hat, und dann ist man ein Held.

Klar verstecken sich manche Kerle so lebenslang hinter Muttis Rockzipfel – das klappt auch noch mit achtzig –, aber wofür, bitte, sollen Mütter sonst da sein? Mit Vätern dagegen geht das alles schlecht, was daran liegt, dass sie halt nie da sind. Schlaue Jungs, eigentlich. Genauso gut jedenfalls könnte man den Mann im Mond beschuldigen oder den nächsten Windstoß, und das macht irgendwie keinen Spaß.

Zugegeben, die Rollen sind schon ein klitzekleines bisschen ungerecht verteilt. Doch nachdem wir jetzt festgestellt haben, dass Mütter im Allgemeinen eigentlich an allem schuld sind – so auch an Überschwemmungen (ausgelöst durch tränenreiche Unschuldsbekundungen), Tornados (Wutanfälle) und Erdbeben (verursacht durch nicht enden wollende Vorträge) –, kann man sich auch ruhig mal dem Besonderen zuwenden, was darin besteht, dass Mütter nie, nie begreifen werden, dass Jungs nicht komische Mädchen sind, die bloß keine Röcke tragen.

Das allein wäre ein Buch für sich, aber viel schlimmer ist, dass Mütter ständig und dauernd im Weg herumstehen, wenn der Schwarze Ritter besiegt werden soll, Superman dringend Hilfe braucht und diverse Aliens von der Platte geputzt werden müssen. Immer wird man aufgehalten, immer haben sie etwas für einen zu tun. Dass sie aber Schicksal, Glück und Friede der ganzen Welt, möglicherweise des Universums riskieren, ist ihnen schlicht wurscht. Und nö, sie stehen nicht bloß im Weg, denn während man unter ganz erheblichem Zeitdruck ist, um sein Pokémon zu trainieren, Blackbeard zu versenken und sein Digimon auf Zack zu bringen, damit es endlich digitieren kann, muss man sich Vorträge über Händewaschen, Müllrausbringen und Spülmaschinenausräumen anhören. Und nicht etwa, dass so ein Vortrag nach den zwanzig Sekunden beendet wäre, die zum bloßen Informationsaustausch nötig wären. Nein, er dauert gefühlte zwanzig Minuten, derweil sich Mama in Klagen über Sorgen und Schlechtigkeiten seit Geburt ihres Sohnes ergeht. Um dann auszuholen und sich in den nächsten zwanzig Minuten in alldem zu ergehen, was ihrer Vermutung nach noch kommen wird – Gefängnis, Schlafen auf einer Parkbank (aber wenn man Glück hat, findet man da ja vielleicht sein Urvertrauen wieder?) oder eine aussichtsreiche Karriere bei der Müllabfuhr.

Mal ehrlich: Ist das alles etwa wichtig, angesichts der Rettung des Weltfriedens? Das größte Problem ist doch, dass Mütter überhaupt nichts von Jungenehre verstehen, oder von den sonstigen Notwendigkeiten, denen man als Junge unterworfen ist, schließlich ist das ein einsamer, anstrengender, entbehrungsreicher und unfallintensiver Job voller Kämpfe, die erst mal bestanden werden müssen.

Verständnis entwickelt sie nur dann plötzlich, wenn es für sie vorteilhaft ist, Einkaufstaschen geschleppt werden müssen oder sie sonst dringend Hilfe braucht. Dann ist man plötzlich ein großer, starker Junge – eine Bemerkung, auf die man aber auch nur die ersten paar Male hereinfällt. (Frauen halten sie allerdings sogar noch dann für nützlich, wenn der betreffende Kerl vierzig ist – es scheint, dass sie in diesem Punkt nie digitieren.) Dass man trotzdem auf der Matte steht und hilft, ist klar, aber nicht so sehr deshalb, weil man immer noch auf den Großer-starker-Junge-Schmus hereinfallen würde.

Das mütterliche Repertoire ist damit aber natürlich noch lange nicht ausgeschöpft. Steht man irgendwo mit ihr herum, dann gleitet ihr ewig kritischer Blick garantiert über einen hinweg und sie findet irgendetwas, was gerade nicht ihrem Sinn für Anstand und Ordnung entspricht, woraufhin sie schnell noch einen Kamm zieht. Und schwupps wird auch das Taschentuch herausgeklaubt und mit mütterlicher Spucke befeuchtet, damit sie einem im Gesicht herumwischen kann, um bei der Gelegenheit – praktisch, wie sie nun einmal veranlagt ist – auch gleich mal die Ohren des Sohnes mit mütterlichem Röntgenblick zu durchleuchten und notfalls darin herumzubohren. Und da das Taschentuch nun sowieso schon mal draußen ist, kann er da auch gleich mal reintrompeten, was wiederum Anlass gibt, in seinem Gesicht herumzufuchteln und was auch immer abzuputzen.

Bei alldem wartet sie, mit natürlichem Instinkt, selbstverständlich den Moment ab, in dem gerade die besten Freunde des Sohnes oder gar seine besten Feinde vorbeischlurfen, oder noch besser seine allererste Liebe, die er – noch! – heimlich mit sich herumträgt und die bei dieser Gelegenheit breit grinsend an ihm vorbeischwebt.

Doch, Mütter haben ganz eigene Strategien, um Wartezeiten auszufüllen. Da wird gespuckt und mit spitzen Fingern gekratzt, gekämmt und abgeklopft, dass es nur so eine Freude ist, und jedes protestierende »Mama ...!« mit einem locker aus dem Handgelenk geschüttelten Vortrag überrollt, dessen Fachkenntnis der Deutschen Gesellschaft für Hygiene und Mikrobiologie alle Ehre machen würde.

Gnade Gott allerdings dem Sohn, der seine Mutter gerade begleitet, wenn sie rein zufällig eine Freundin trifft. Dann ist der Spross schlagartig vergessen, und sie stürzt sich in alle erdenklichen Geschichten von früher, heute und morgen, ohne dabei zu übersehen, wie es auch hätte anders kommen können oder was sein wird, wenn es wirklich anders kommt. Ist ihr Sohn dabei Thema, wird selbstverständlich über ihn geredet, als sei der junge Held (der sich inzwischen verzweifelt den Tod auf dem Schlachtfeld mit dem Kurzschwert in der Hand wünscht) an ihrer Seite gar nicht vorhanden – was, nebenbei gesagt, erwachsene Frauen mit ihren Männern, vorzüglich in Diskussionen mit Schuhverkäuferinnen, auch später noch so handhaben. Kommt sie aber wider Erwarten schließlich zu einem Ende, wundert sie sich vielleicht höchstens, dass sich inzwischen erster Flaum auf seinem Gesicht zeigt (den sie merkwürdigerweise nicht abwischen kann) und er zwei Lagen tiefer spricht als vorher, falls seine Stimme nicht gerade ins Falsett ausrutscht.

So oder so: Mütter sind die erste Instanz, die einem die Zeit raubt, die nun wirklich für Wichtigeres nötig wäre (und Jungs, selbst wenn sie auf dem Bett liegen und bloß an die Decke starren, haben immer etwas zu tun, wenigstens zu planen). Irgendwie scheint es sie zu beschäftigen, dass man die Hausaufgaben erst im Bus oder in der Schule abschreibt, eine Versetzung gefährdet ist oder warum man heute mit einem blauen Auge nach Hause gekommen ist (als ob man das auch noch erzählen wollte). Sofort muss sie nachhaken und sich einmischen. Weiß der Himmel warum.

Und überhaupt, wenn man sich das männliche Dasein so von Anfang an durch den Kopf gehen lässt, dann kommt man zu einer ebenso eindeutigen wie ewig gleichen Abfolge:

Warten auf die weibliche Brust – warten auf die Flasche; dann, etwas später, wieder warten auf die weibliche Brust, und danach wieder mal warten auf die Flasche (Kellnerin!)...

Und schließlich, ganz zuletzt: Warten auf die Schnabeltasse (Altenpflegerin). So kommt man aus dem Kreislauf nicht heraus.

Also ehrlich. Ist das nicht ein Elend?

20. KAPITEL

Elternpflichten

Was ich geradezu empörend finde, ist, wenn plötzlich wildfremde Menschen anfangen, über meine Zeit zu bestimmen. Gestern kannte ich sie noch nicht einmal, und heute kommandieren sie mich herum, wie es ihnen passt, und immer sind es Frauen. Wenn es wenigstens einmal ein Kerl wäre, nur so zur Abwechslung. Aber nein. Bei Terminen mit Männern warte ich vielleicht fünf Minuten, und das war's dann. Alles im grünen Bereich. Und Männer haben auch nicht den Ehrgeiz, zusätzlich noch ihre soziale Beziehung zu mir aufzuarbeiten, nebenbei zu überlegen, ob ich in ihrem Leben irgendwie praktisch sein oder genau der Richtige für ihre Singlefreundin sein könnte.

Nein, das geht zack, zack, und fertig. So mag ich das. Aber ich bin eben auch nur ein unsensibler, fantasieloser Kerl, dessen Denken sich typischerweise bloß immer nur um seine eigene Person dreht und der nie über den Tellerrand schaut.

Doch kommen zu diesen willkürlichen Wartezeiten auch noch finstere Erinnerungen, die bestimmte Frauen entweder mit liebreizendem Lächeln oder bösartigem Blitzen in den Augen wieder in einem heraufbeschwören. Kindergärtnerinnen, Sporttrainerinnen und Lehrerinnen sind da die furchtbarsten Gegner.

»Wir müssen zum Nikolausturnen«, ächzt Claudia eines Abends betrübt.

»Zum bitte was?«

»Nikolausturnen. Vom Sportverein. Da turnen uns die Kleinen was vor.«

»Wie jetzt – das tun sie hier doch auch! Und rennen sich dabei mit schöner Regelmäßigkeit die Schädel ein.« Erst heute hatte ich Jan verpflastert, der in der irrigen Annahme, er könne fliegen, in seinem Superman-Kostüm vom Hochbett geknallt war.

»Schon. Aber da eben die gesamte Sportgruppe. Sie führen vor, was sie so im Laufe des Turnjahres gelernt haben.«

»Und was, zum Henker, hat der Nikolaus damit zu tun?«

»Ich weiß es nicht. Vielleicht hat er's erfunden. Oder er muss irgendwie besonders gelenkig sein und ist deshalb ein Vorbild. Ehrlich gesagt, ich habe keine Ahnung.«

Ein alter, dicker Kerl in Stiefeln und mit Bart als Turnvorbild? Wie jetzt? Aus meiner eigenen Kinderzeit kannte ich das Nikolausturnen jedenfalls nicht. Aber auch sonst konnte mir bisher niemand den Zusammenhang erklären. Wahrscheinlich nur eine Geschäftsidee von irgendwelchen Sportverbänden oder so, vermutlich in Zusammenarbeit mit Herstellern von Nikolauskindermützen.

Aber ja doch, ich bin dann ganz entzückt, mit wie viel Grazie Simone durch irgendwelche Reifen krabbelt; und ja – eine schöne Rolle vorwärts, die mein Sohn da auf die Matte legt, ganz zu schweigen von der Rolle rückwärts. Beide sind ohne Frage die Stars des Abends, selbst wenn andere, weniger fachkundige Eltern als wir in schon ziemlich durchsichtiger Weise bloß ihre eigenen Kinder bejubeln, die völlig uninspiriert auf der Matte hin und her kugeln. Doch auch auf dem Trampolin hoppeln meine zukünftigen Olympioniken herum mit einer Eleganz, die ich von ihrem Hüpfen auf den Betten her schon kenne – zu fünft haben sie erst vor drei Wochen Simones Bett zerlegt, die kleinen Liebherzen –, jetzt aber genieße, weil die Gefahr von Beulen und blauen Flecken hier geringer und es nicht mein Trampolin ist, das unter den Kunststücken der Kleinen schon gefährlich ächzt.

Meine härteste Übung besteht dabei im ebenso begeisterten wie schmerzhaften Dauerlächeln, das umso schmerzhafter wird, je länger der Abend geht, an dem ich meine Kinder bei den Heldentaten bewundere, die sie entweder zu Hause sowieso verbrechen oder die ich ihnen, um diesem oder jenem Knochenbruch vorzubeugen, daheim verbiete, was sie überhaupt nicht verstehen können, denn beim Turnen dürfen sie's ja nicht nur auch, sie sollen sogar.

Das Lächeln gefriert mir aber im Gesicht, als mir klar wird, dass unsere Kleinen meine und Claudias Begeisterung sehr genau registrieren, was bedeutet, dass sie zu Hause mit ihren Vorführungen weitermachen werden, um ihre Erfolgserlebnisse zu wiederholen und, vor allem, irgendwelche Belohnungen herauszuschlagen. Ein Nikolausturnabend ist also keineswegs mit dem Nikolausturnabend vorbei. Das wird sich noch ziehen.

Aber mindestens genauso viel, nein, noch einiges mehr, hat man vom Kindergarten. Man glaubt zu Anfang vielleicht, man könne praktischerweise seinen Nachwuchs da unterstellen, und wenn er abgekämpft ist, holt man ihn ab und steckt ihn ins Bett, um ihn erneut schnell abzuliefern, sobald die Batterien wieder aufgeladen sind, was in einem geradezu erschreckenden Tempo der Fall ist.

Aber nichts da, über die jährlichen Theaterabende hinaus – Jan als Zwerg habe ich besonders genossen, da er da schon fast einen Kopf größer war als alle anderen Kinder; Simone als Prinzessin war dagegen ziemlich anstrengend, weil sie auch zu Hause die Rolle durchhielt – wird auch zu Ostern, zum Erntedankfest, zu Nikolaus und Weihnachten noch elterliches Engagement erwartet. Und zwischendurch noch viel mehr. Das verstand ich einerseits natürlich, ich war da auch gar nicht so unwillig. Andererseits mochten aber weder Claudia noch ich zu jeder passenden und unpassenden Gelegenheit Kuchen backen, um dann winzige Stückchen unseres eigenen Kuchens völlig überteuert zurückzukaufen, damit sich der Kindergarten an uns gesundstoßen konnte.

Okay, wenn gelegentlich zusätzliche Finanzspritzen sein müssen und es nicht zu ändern ist – das würde ich ja noch zähneknirschend bezahlen. Aber warum muss ich zusätzlich noch meine Zeit als dauerfröhliche Kaltmamsell an Kaffee- und Kuchentheken vergeuden und mir dabei lauter einmalige, witzige und hinreißende Kindergeschichten anhören?

»Jaja, Kindermund tut Wahrheit kund! Das müssen Sie als Kinderbuchautor doch bestimmt besonders spannend finden! Machen Sie doch ein Buch daraus, wir teilen uns dann den Gewinn! Hahaha! Wie viel verdienen Sie eigentlich, mal ehrlich, ich bin auch nicht vom Finanzamt, hahaha! Sagen Sie doch mal! Ich habe ja selbst schon daran gedacht, ein Kinderbuch zu schreiben. Da können Sie mich Ihren Verlagen doch eigentlich empfehlen, oder? Kostet Sie doch bloß einen Anruf! Heutzutage geht ja alles nur mit Vitamin B. Ich schicke Ihnen morgen mein Manuskript, Sie können es ja gleich weiterleiten, Ihre Verlage werden begeistert sein. Nicht, dass ich Ihnen Konkurrenz machen will, hahaha! Aber Sie werden selbst sehen, tolles Buch, garantiert ein Bestseller, es handelt von ...« – und so weiter, und so fort.

So kam ich selbst auch nie zu Wort, um die wirklich witzigen und hinreißenden Geschichten meiner Kleinen zu erzählen, und dann gab's auch noch bloß Kaffee zu trinken oder den Heidelbeerwein mit 1,5 Prozent Alkohol, den irgendeine Mutter in ihrem Keller selbst gepantscht hatte. Und auch die Etiketten hatte sie nicht nur selbst auf die kleinen Fläschlein gepappt, nein, sie hatte sie auch noch selbst entworfen!

Außerdem gestand mir jene Mutter nach Genuss von etwa einem halben Dutzend Flaschen ihres eigenen Tröpfchens, dass Malen und Zeichnen sowieso immer schon ihr Hobby gewesen wären, was ich als Kinderbuchautor doch besonders spannend finden müsse, ich wäre doch garantiert immer auf der Suche nach tollen Illustratorinnen. Wie viel verdienen Illustratoren eigentlich? Den Gewinn unseres ersten Buches könnten wir uns ja noch teilen, ließ sie mich glasigen Blicks großzügig wissen, später würde sie allerdings mehr Geld wollen, weil Bilder malen viel mehr Aufwand sei, als sich mal eben eine kurze Kindergeschichte auszudenken. Das wäre doch nun auch wieder nicht so schwer, jetzt mal ehrlich, und wie viel ich eigentlich verdienen würde? Sie oder ihr Mann wären auch bestimmt nicht vom Finanzamt, hahaha! Und so weiter, und so fort ...

Als die Kindergartenphase langsam dem Ende zuging, atmete ich, ich geb's zu, tatsächlich auf. Erschreckend naiv, so im Rückblick. Schließlich stand jetzt die Schule bevor.

Eltern wissen, mit wie viel Zeitaufwand die Schule verbunden ist. Nicht nur für die Kinder, sondern vor allem für sie selbst. Es ist, als ginge man selbst noch mal zur Schule, bloß mit dem Unterschied, dass man jetzt auch noch berufstätig ist und Kinder hat, was beim ersten Durchlauf meist noch nicht der Fall war. Anders als früher muss man jetzt auch zu Elternabenden, und im Interesse unserer Kinder war es auch nicht unschlau, sich flugs in den Elternbeirat wählen zu lassen (Claudia bei Jan, ich bei Simone) oder sich irgendwie sonst aktiv zu zeigen. Klar auch, dass man wieder Hausaufgaben machen muss, aber das kann manchmal durchaus positiv sein: Was mich mit besonderem Stolz erfüllte, war Jans Herbarium, für das ich diesmal eine Eins bekam. Als ich noch zur Schule ging, hatte ich bloß eine Vier bekommen.

Und so verdoppelte, verdreifachte sich der Zeitaufwand, den man vorher schon für den Kindergarten kaum hinnehmbar fand. Ins Detail will ich da gar nicht mehr gehen – abgesehen von einer Sache, die hier erwähnt werden muss, nämlich die Elternsprechtage. Kinder, oder besser Schüler, sehen diesen ja mit einiger Besorgnis und unguten Gefühlen entgegen. Ich erinnere mich so ungefähr. Das war immer so, und ganz unabhängig davon, wie die Monate vorher gelaufen waren, ob ich mich also schulkompatibel gezeigt hatte oder nicht. Aber wie ich jetzt weiß, ist das noch gar nichts gegen die Besorgnisse der Eltern, die draußen auf dem Flur hocken und mit klammen Gefühlen der Lehrersprechstunde entgegenbibbern. Das tun sie, weil sie nicht wissen, wie der Stand der Dinge wirklich ist, ob etwa die eigenen Herzchen einen einigermaßen realistischen Vorbericht abgeliefert haben oder ihre Altvorderen erst einmal großmütig schonen wollten – oder ob sie womöglich auf ein Wunder hoffen, dass irgendwie doch nichts rauskommt. So zieht man in jedem Fall völlig unvorbereitet in die Schlacht, und das ist immer ein mieses Gefühl. Selten fühlt man sich so ausgeliefert, zumal jeder weiß, dass man nicht zurückhauen darf wie damals auf dem Schulhof, wenn's die eigenen Sprösslinge nicht das nächste Schulhalbjahr täglich ausbaden sollen.

Die Lehrkräfte wissen das natürlich. Sie wissen auch um die Macht des Wartenlassens, und umso mehr, wenn sie weiblich sind, was wenigstens in der Grundschule fast durchweg der Fall ist. Also ziehen sich die Termine und verschieben sich immer weiter nach hinten. Zahnarztbesuche sind ein Genuss dagegen, und so sitzt man im Schulkorridor auf zu niedrigen Stühlchen und Bänken und guckt nervös auf das Treiben auf dem Flur, und auf die blassen Eltern mit jetzt schon bebenden Lippen, die vor einem im Klassenzimmer verschwinden, und die dann, nun nicht mehr blass, sondern kalkweiß, wieder herauswanken. Und im Hintergrund kann man eben noch das zufriedene Lächeln der Lehrerin aufblitzen sehen, die gleich darauf schnell wieder ihre professionell-besorgte Miene aufsetzt.

Das ist Macht.

Wurde man als Schüler zu solchen Gesprächen abkommandiert, hatte man noch alle erdenklichen Möglichkeiten. Je nach

Lust und Laune beziehungsweise je nachdem wie nahe man der eigenen Einschätzung nach eben an einem Schulverweis entlangbalancierte, konnte man sich mal zerknirscht, verständig oder bockbeinig und aufmüpfig geben, und manche Lehrerin war womöglich aufrichtig um einen besorgt, weil sie einen irgendwie mochte. Als Elternteil hat man solche Möglichkeiten nicht. Hier geht's höchstens um Ausgleich und Zerknirschung und darum, Besserung zu geloben, dass man zukünftig seine Hausaufgaben sorgfältiger machen und achtsamer mit Geodreieck, Kleber, Buntstiften und Mäppchen umgehen will, und was sonst alles noch so dazugehört.

»So«, stöhnte Claudia nach einem dieser Elternsprechtage – es war Abend und wir waren bereits zügig bei der zweiten Flasche Wein angelangt – »geht es wirklich nicht weiter. Das halten meine Nerven nicht mehr aus. Ich wollte so gern beißen, kratzen, treten und Tiernamen geben, aber ich durfte ja nicht! Diese Pädagogen bringen mich noch ins Grab. Hat die doch die Stirn, mir zu sagen, ich solle zu Hause bleiben und mich um meine Kinder kümmern! In was für einer Blümchenwelt lebt die denn, bitte? Moritz Petz, denk dir was aus! Nächste Woche müssen wir zu Jans Elternsprechtag! Tu etwas! Irgendetwas!«

Und ich tat wirklich etwas. Oder besser gesagt, wir beide – ich will nicht angeben. Von wem also genau die Idee kam, weiß ich nicht mehr ganz sicher (dritte Flasche Wein), aber in der nächsten Woche gingen wir zu dritt zum Elternsprechtag, Jan in der Mitte fest eingeklemmt.

»Ach … bringen Sie Ihren Sohn gleich mit …«, sagte die Lehrerin etwas überrascht. »Aber ja doch«, erwiderte ich bösartig lächelnd, »wir wollen doch nicht übereinander, sondern miteinander reden, nicht wahr.«

Doch die Lehrkraft war nicht bloß überrascht, sondern eindeutig auch ein wenig enttäuscht: Denn jetzt war sie im Zwiespalt. Schließlich, in Anwesenheit unseres Sohnes konnte sie keineswegs so in die Vollen gehen wie geplant. Nein, da er jetzt dabei war, musste sie ihr pädagogisches Programm anwerfen. Und noch besser – das so schon stark gedämpfte Gewitter ging nicht auf uns hernieder, sondern landete gleich an der richtigen Adresse. Und siehe da: Alle waren viel entspannter (na gut, Jan vielleicht nicht, aber das sollte ihm halt eine Lehre sein), und so rein taktisch gesehen – Claudia gab mal den guten, ich mal den bösen Cop, oder andersherum, je nach Schulfach und nach Geschmack – hatten wir viel bessere Möglichkeiten, die ganze Geschichte abzufedern.

Aber nicht nur das. In gewissem Sinne fing die Sache an, Spaß zu machen; Jan (der ein wirkliches Schauspieltalent ist) bemerkte – selbst sehr erleichtert – unsere Erleichterung, auch wenn er sich die nicht so richtig erklären konnte. Dann lief er zu großer Form auf, und ließ zerknirscht mal meines, mal Claudias Donnerwetter auf sich niedergehen und die erst verwirrten und dann professionell vorwurfsvollen Lehrer sahen nun glücklich und zufrieden aus, als wir abzogen: Jetzt waren sie von unserer erbarmungslosen Strenge überzeugt. Tatsächlich hatten sie unsere Vehemenz sogar noch gedämpft und sahen sich hier und da sogar bemüßigt, unseren Sohn in Schutz zu nehmen und zu loben. Da sagst nix. Manchmal muss man eben einen kleinen Anstoß geben und die guten Dinge ein wenig in Erinnerung rufen.

Nachdem das ausgestanden war, holten wir Simone von zu Hause ab, um uns zu belohnen und Pizza essen zu gehen, derweil Jan total euphorisiert war, auch wenn er nicht so recht wusste, wie ihm eigentlich geschah. Er hatte mit einem etwas anderen Ausgang des Elternsprechtags gerechnet. Seine Begeisterung sollte sich allerdings doch bald wieder legen, als er das Programm sah, das er künftig abzuarbeiten hatte und das von uns sorgfältig ausgearbeitet worden war – nach dem Vorbild von Simones Programm.

Seither haben die Elternsprechtage für uns an Schrecken verloren. Zugegeben, so wie beim ersten Mal war es nie wieder, aber das liegt vielleicht eher daran, dass beide Kinder sowieso die Kurve bekommen haben. Doch die Tradition, nach dem letzten Elternsprechtag Pizza essen zu gehen, halten wir aufrecht. Und es ist nie vergeudete Zeit.

21. KAPITEL

Urlaub

Eines der letzten großen Abenteuer in Deutschland ist das Fahren mit der Bahn, gleichgültig, ob es um überforderte, ersatzweise auch aggressive Schaffner, kaputte Toiletten oder defekte Klimaanlagen geht, die einen im Sommer rösten und im Winter schockgefrieren. Dennoch ist auf die Bahn in gewissem Sinne Verlass, was uns tatsächlich auch rettete, als wir zu spät (Simone!) den Bahnsteig stürmten, denn unser ICE war noch später dran als wir.

Jan, damals noch abenteuerlustig und vom Sinn des Daseins (Spaß haben!) überzeugt, machte sich sofort auf Entdeckungstour durch den Zug, von vorn bis hinten und wieder zurück, wobei er seltsamerweise jedoch nicht bei uns vorbeikam. Das machte uns stutzig, weshalb wir Simone ausschickten, um Jan zu suchen. Als schließlich auch Simone ausblieb, machte sich irgendwann Claudia auf den Weg, um Jan *und* Simone zu suchen.

Natürlich hätte ich das nicht zulassen dürfen. Ich weiß. Aber es gibt eben Momente, in denen man ein wenig den Überblick verliert. Außerdem war es jetzt meine Aufgabe, in wenigstens sechs verschiedenen Sprachen drei heiß begehrte freie Plätze zu verteidigen und überdies noch unser gesamtes Gepäck zu bewachen.

Das ist an sich schon nicht lustig, aber bei 216 Sachen in der Kurve (doch, ja, schöne Schräglage – aber wie kann man sich bei dem Tempo eigentlich verspäten?), bei kontinuierlich steigenden Temperaturen (defekte Klimaanlage), wachsendem inneren Druck (kaputte Toiletten), nicht anschließbarem Laptop (kein Strom), verschwundenen Kindern und ausbleibenden Frauen wird's langsam dann doch irgendwann ungemütlich. Aber so lernte ich immerhin, dass das Warten auf Frau und Kinder immer noch neue, ungeahnte Dimensionen annehmen kann. Es kann alles viel schlimmer kommen.

Schließlich fand ich meine Restfamilie glücklich vereint und sehr unschuldig guckend im Bistro (»Wir hatten gerade zurückkommen wollen!«), wo ich, um mich zu beruhigen, einen Becher pappige schwarze Flüssigkeit in mich hineinschüttete, die mich überraschenderweise abkühlte (trotz eines Preises, als hätte ich den ganzen ICE kaufen wollen) und die dort euphemistisch Kaffee genannt wird. Dass unsere Plätze belegt waren, als wir zurückkamen, verstand sich von selbst.

So fing der Urlaub an.

Als wir im Flieger saßen, wurde es einfacher. Schwieriger war es allerdings, überhaupt in den Flieger zu kommen. Aus irgendeinem Grund beäugte uns das Wachpersonal, wie es uns schien, besonders misstrauisch – und sollte recht behalten. Terrorfamilie unterwegs – zugegeben, in gewissem Sinne lagen sie damit nicht einmal so falsch. Jedenfalls wurde ich von drei Feuerzeugen in Jackentaschen und Hose entwaffnet, Jan hatte intelligenterweise sein Taschenmesser in der Jacke, woran er schon gar nicht mehr gedacht, es dafür allerdings schon zwei Tage gesucht hatte, Simone musste sich von Nagelfeile und Manikürset verabschieden, und Claudia hatte – ich wusste davon nichts, ehrlich – in einem Anfall familiärer Fürsorglichkeit im letzten Moment noch schnell ein Gläschen Senf und ein Gläschen Schokocreme eingesteckt, was in der Türkei immer irgendwie zu fehlen scheint. Für diese Erklärung erwies sich das Durchsuchungskomitee allerdings als nicht zugänglich.

Wir erwischten das Flugzeug gerade noch vor Schließung der Tür.

Schönes Wetter, schönes Hotel unweit des Strandes mit eigenem Pool. Wir gehören allerdings nicht zu der Sorte Hotelgäste, die sich schon den Wecker mitten in der Nacht stellt, um irgendwelche Liegen mit Handtüchern zu belegen. Andererseits war uns natürlich klar, dass frühzeitiges Erscheinen am Wasser hilfreich sein könnte, um noch den ein oder anderen Platz zu bekommen. Auch Simone war das klar, so rein theoretisch jedenfalls, und gewiss hat sie sich auch alle Mühe gegeben. Aber so ein Auftritt am Swimmingpool will schließlich genau geplant und vorbereitet sein. Dass sie dort ohne Gefolge ganz für sich ihren Starauftritt hinlegt, kam natürlich nicht infrage, sodass wir auf sie warten mussten. Was Simone eigentlich erwartet oder gedacht hat, weiß ich bis heute nicht. Vielleicht hatte sie vermutet, dass sich zwanzig ausgehungerte Latinlover mit Waschbrettbäuchen bei ihrem Erscheinen willenlos auf sie stürzen würden. Irgendetwas in dieser Art. Jedenfalls aber war sie überzeugt, eine Leibgarde zu brauchen. Und okay, wenn sie schüchtert, dann muss man ihr halt beistehen. Lediglich Jan wurde davon befreit, der sich somit umgehend in die Fluten stürzen konnte und innerhalb von fünf Minuten mit circa zehn anderen Jungs dick befreundet war.

Als wir gegen späten Nachmittag am Pool erschienen, wurden wir jedoch von dem Dutzend dicker Holländer, dem zweiten Dutzend dicker Engländer und dem dritten Dutzend dicker Deutscher nur in so weit zur Kenntnis genommen, als dass man uns amüsiert dabei beobachtete, wie wir versuchten, noch irgendwo einen Platz zu finden. Jan machte inzwischen Bauchklatscher.

Das Spielchen – auch am Frühstücksbuffet waren wir zu spät und bekamen immer bloß den Tisch in der Mitte, sozusagen auf dem Präsentierteller, wo sich Simone natürlich von dicken Hotelgästen begafft fühlte – schauten wir uns geduldig drei Tage lang an. Dann beschlossen Claudia und ich eine Taktikänderung und machten uns die Tatsache zunutze, dass Jan Frühaufsteher ist, worunter wir schon oft gelitten hatten. Diesmal war das ein Vorteil. Folglich belegte Jan jetzt für uns frühmorgens vier Liegen am Pool mit Handtüchern, Taucher-brille, Büchern und allerlei Krimskrams, um uns dann einen netten Tisch zum Frühstück zu sichern (als wir herunterkamen, frühstückte er das zweite Mal mit uns). Doch, eine zufrieden-stellende Lösung.

Den besseren Tisch auch beim Hauptgang nutzte Simone aus, um sich einmal quer durch das gesamte, sieben Meter lange Dessertbuffet zu futtern (da herrschte noch Jungenfrust vor). Unglaublich, was in ein Kind so hineingeht, und sie zeigte sich als überaus geschickt darin, sämtliche (!) Kostproben auf einen (!) Teller zu stapeln. Allerdings stellte sie schnell fest, dass ihr das meiste Zeug doch nicht schmeckte, sodass Jan hier hilfreich einsprang. Noch unglaublicher, was auch in das andere Kind hineinging.

Natürlich drückten wir uns nicht bloß am Pool oder am Buffet herum. Das Meer war nahe, ein glücklicher Umstand, da wir regelmäßig den Shuttlebus verpassten (mal Simone, mal Claudia). Der Weg zu Fuß dorthin führte durch ein Stück malerische Altstadt und vor allem durch einen Basar, bevölkert von lauter Händlern, die früher einmal in Deutschland gelebt hatten und freudig ihre Erfahrungen mit uns austauschen woll-ten, um uns dann auszunehmen wie die Weihnachtsgänse. Bei mir waren sie da nicht sonderlich erfolgreich, ich habe genug Lederjacken und dachte nicht im Traum daran, irgendwelche zweifelhaften Teppiche mit zurückzuschleppen. Claudia und die Kids waren da schon dankbarere Opfer, und wenn sie ge-konnt hätten, hätten sie körbeweise Computerspielkopien, ech-te Billiguhren, echte Kopien von Marken-T-Shirts und -Shorts und natürlich Schmuck mitgeschleppt, kurz, Tinnef und Talmi jeder Art, um mal meinen Sohn zu zitieren. Konnten sie aber nicht, da Moritz Petz ein knauseriger Spielverderber ist, der dooferweise bloß ans blöde Meer will, das morgen auch noch da ist, und all die supergünstigen Gelegenheiten einfach so in den Wind schießt. So kam statt einer ganzen Karawane voller orientalischer Schätze nur ein ächzender Packesel, beladen bis zum Zusammenbruch, bei der Sache heraus. Den Strand erreichten wir gegen späten Nachmittag.

Ach, ich lasse beiseite, wie wir versuchten, die Umgebung zu erkunden, um zum Beispiel ein wenig Kultur zu schlürfen (sehr weit kamen wir nicht, da überall Märkte und Basare auf unserem Weg lagen), wie auch all die Gelegenheiten, bei denen ich herumstand oder herumsaß, mehr oder weniger notgedrungen Maulaffen feilhielt und wartete, wartete. Es war halt Urlaub, und ich habe bei der Gelegenheit doch einiges am Laptop abarbeiten können. Außerdem schien die Sonne, und irgendwann war auch Simone bestens gelaunt, zweier süßer und nicht dicker Jungen wegen, auch wenn's mit den Waschbrettbäuchen noch nicht so weit her war. Das trieb zwar die Wartezeiten nochmals in die Höhe, aber ich habe so auch mehr als erwartet von meiner Urlaubslektüre gehabt.

Wirklich problematisch allerdings schien uns die Frage, wie wir die gesammelten Schätze aus der Türkei in Deutschland einschleusen sollten, ohne wegen diverser Zoll- und Kopievergehen verhaftet zu werden (Terrorfamilie). Stundenlang zerbrachen Claudia und ich uns die Köpfe darüber, bis ihr Blick auf unseren pubertierenden Sohn fiel und ihre Augen aufblitzten. Den Blick kenne ich, und so wusste ich im selben Moment, dass in ihrem schlauen Köpfchen eine perfide Idee Gestalt annahm – von der Sorte, die nur Frauen entwickeln können. Männer sind zu doof dazu, oder zu arglos. Wie auch immer. Am nächsten Tag kaufte sie unserem Sohn Gummischuhe und Polyacryl-Socken, die er den Resturlaub unausgesetzt zu tragen hatte. Er protestierte zwar zuweilen, doch da die Alternative darin bestand, die Computerspielkopien im Lande zu lassen, opferte er sich schließlich doch.

Am Tag vor dem Rückflug packten wir dann einen Koffer mit Schmutzwäsche, ganz unten sämtliche unserer erworbenen Schätze.

Obendrauf die Gummischuhe und die getragenen Socken unseres Sohnes.

An dieser Stelle muss ich erwähnen, dass dieser Einsatz, trotzdem wir auf dem offenen Balkon packten (es ging sogar ein leichter Wind), uns selbst größte Überwindung kostete. Aber was tut man nicht alles, um seine Kinder glücklich zu sehen.

Und natürlich ging Claudias Rechnung auf. Der Zöllner am Flughafen wagte es zwar tatsächlich, besagten Koffer zu öffnen. Die dem Koffer entsteigende Duftwolke – oder eigentlich: der Dampf, der ihm entgegenschlug – sorgte bei dem Zollbeamten jedoch schlagartig für eine starke, ins Grüne spielende Gesichtsverfärbung (es war das erste Mal, dass ich so etwas in natura gesehen habe). Vorsichtig, fast zärtlich (sehr selbstbeherrscht, der Mann), um keine Böe zu verursachen, schloss er den Koffer wieder zu und ließ uns unseres Weges ziehen. Wir mussten also nicht einmal groß herumstehen. Lächeln konnten wir dabei aber nicht – wir hatten neben dem Koffer gestanden.

Und so: Alles in allem war es ein schöner Urlaub, trotz diverser Wartezeiten, hysterischer Anfälle, Genörgel und Gequengel jeder Art. Urlaub eben, und Zusammensein mit Frau und Kindern – und manchmal, ja, manchmal zählt die Idee eben doch mehr als die Wirklichkeit.

22. KAPITEL

Training

Doch, ja. Einerseits wird es Simone gefallen, dass ihr ein Kapitel ganz allein gewidmet wird, das hebt sie heraus und macht sie besonders. Andererseits wird sie über den Inhalt vielleicht nicht ganz beglückt sein. Ich schreib es aber gleich vorweg: Mit Simone haben wir im Ganzen noch Glück gehabt im Vergleich zu den allermeisten Krabben ihres Alters, die sonst so durch unser Haus schwirren und schon im Vorbeigehen zicken, was das Zeug hält. Simone dagegen nimmt nicht umsonst überall die Herzen im Sturm, sie ist klug und hübsch und wenn sie will sogar sozial, hilfsbereit und rücksichtsvoll. Überall. Außer zu Hause. Darauf angesprochen, dass sie sich bei uns gibt wie eine weibliche Terrorausgabe von Dr. Jekyll und Mr. Hide, macht sie Kulleraugen und sagt:

»Ja, aber Papa! Irgendwo muss ich mich doch austoben, oder? Und üben muss ich auch. Das mach ich doch lieber bei Menschen, die mich lieben. Ist doch klar.«

Vielen Dank für deine Offenheit. Aber immerhin beweist ihre Bemerkung, dass sie darüber nachgedacht und sich sehr bewusst entschieden hat. Das macht einen dann auch wieder stolz.

»Und, wie wär's, wenn du zumindest Jan mal ein wenig verschonst?«

»Pfff. Ich weiß gar nicht, was du willst. Heute habe ich ihn sogar geknuddelt!«

»Und danach so gekniffen, dass ihm schon das Wasser in den Augen stand.«

»Ach was. Das gehört so.«

Ein kleines Teufelchen. Als sie und Jan noch klein waren, zeichnete sich das bereits ab. Eines Tages fand Claudia etwa ein Schriftstück, von Jan unterschrieben, in dem festgehalten war, dass er eine Woche lang ihr Sklave sein würde. Sklavenvertrag stand darüber, und Jan hatte ihn unterschrieben, damit Simone

nicht verriet, dass er heimlich eine ganze Tafel Schokolade gegessen hatte, die ihm nicht gehörte. Wir erlösten Jan aus seiner
Knechtschaft, indem wir Simone erklärten, dass Verträge dieser
Art, auch wenn sie unterschrieben und ordentlich mit Datum
versehen wurden, leider doch sittenwidrig und daher ungültig
seien. Danach musste Jan eine Woche unser Sklave sein, weil
er eine Tafel Schokolade gegessen hatte, die ihm nicht gehörte,
und Simone traf Abkommen wie diese nur noch mündlich.

Fein. Sie entwickelte sich also weiter. Und hatte blitzschnell
heraus, wo sie Jan am besten treffen kann. Jan ist nämlich alles
andere als blöd, er weiß genau, was da vor sich geht. Zugleich
aber ist er ritterlich, von Natur aus freundlich, und vor allem:
Er liebt seine Schwester. Wenn die aber kein Wort mit ihm
redet, macht ihn das völlig fertig. Oder wenn sie ihn sonst
links liegen lässt. Das erklärt, weshalb sie ihm auch dann noch
über war, als sie ihn nicht mehr ungestraft hauen konnte, weil
er inzwischen stärker war als sie. Diese Entwicklung musste
sie allerdings auch erst mal verkraften; es dauerte eine Zeit,
bis ihr klar wurde, dass er ihr jetzt physisch überlegen war
und eine Ohrfeige mit einer Ohrfeige beantwortet wurde, und
dann auch noch mit einer, die es in sich hatte. Das ging nicht
ohne viel Geheule, Verpetzen, Beschwerden und Aufstände
jeder Art ab.

Dann aber wechselte Simone die Taktik, ging zur emotionalen Erpressung über und hatte Jan nach kurzer Zeit schwupps
wieder im Griff, was sich etwa dadurch zeigt, dass er stets sofort
zur Stelle zu sein hat, wenn sie Hilfe braucht, sonst herrscht drei
Tage Eiswetter. Kommt er dagegen zu ihr, sagte sie: »Gleich.«

»Wieso gleich? Du hast gesagt, du guckst dir meine Aufgaben an!«

»Ja. Mach ich ja auch. Gleich!«

»Jetzt!«

»Gleich!«

»Aber ich hab auch noch was vor!«

»Ich kann jetzt nicht! Gleich!«

Und so weiter. Es endet absehbar. Jan wartet, während Simone dringende Angelegenheiten am PC erledigt – etwa mit Marie über das Wetter chatten, mit Rosa über einen Kajal philosophieren oder Tanja die Lösungen für die Mathehausaufgaben durchgeben. Jan muss inzwischen telefonieren, um seine Verabredung mit Fabian zu verschieben. Sobald er aufgelegt hat, wendet sich Simone dann umgehend einer flüchtigen Prüfung seiner Hausaufgaben zu und erklärt nach einer Minute, dass alles okay sei. Dann verschwindet sie wieder im Chat und Jan hat noch schön viel Zeit, bis er Fabian treffen kann, denn er hat das Treffen ja gerade verschoben. Prima.

Man sieht: Simone trainiert mit allem gebotenen Ernst für ihre Zukunft als Wartelasserin. Und natürlich hat sie inzwischen das Modell auch erfolgreich auf andere Jungs übertragen, die irgendwo herumstehen, um sich mit ihr zu treffen, oder die sie, zum Beispiel, abholen wollen. Während ich Jan allerdings im täglichen Kampf mit seiner älteren Schwester nur gelegentlich zu Hilfe eilen kann, zumal die beiden eh alles untereinander regeln (= Simone sagt, wo es langgeht), ist es mir hier doch gelungen zu intervenieren. Ich habe nämlich die Peinlichkeitskarte gezogen. Das funktioniert folgendermaßen:

»… und wer ist dieser Micha?«, frage ich.

»Er ist so süß! In einer Woche oder so sind wir zusammen.«

(Sie weiß es natürlich mal wieder vor ihm. Auch typisch, irgendwie).

»Aha. Ist er an deiner Schule?«

»Ja, Parallelklasse. In einer Stunde kommt er mich abholen.«

»Prima. Dann lerne ich ihn ja kennen.«

»Nur ganz kurz. Wir hauen gleich wieder ab.«

»Verstehe. Aber ich glaube, ich werde doch ein ernstes Wort mit ihm reden.«

»Papa, nicht!«, protestiert sie.

»Aber klar doch, mein Monchen. Erst mal will ich von ihm wissen, was er beruflich vorhat. Dann, wie er gedenkt, dich zu ernähren. Und natürlich kommt es gar nicht infrage, dass dieser Lüstling dich irgendwie begrapscht. Also werde ich ihm klarmachen, dass ein Küsschen auf die Wange vor der Ehe mehr als ausreichend ist. Wehe ihm, wenn er sich daran nicht hält, dann mache ich ihn rund wie ein Centstück ...«

»Papa!!!«, kreischt sie empört. Sie kennt mich eben – was bedeutet, dass sie nie ganz sicher sein kann, ob ich nicht vielleicht doch wahr mache, was ich sage. Das fiese Blitzen in meinen Augen verheißt jedenfalls nichts Gutes. Und so startet Simone jetzt umgehend alle notwendigen Vorbereitungen und stürzt aus dem Haus, sobald Micha klingelt, der sich wahrscheinlich sehr wundert, weil sie das erste Mädchen ist, auf das er nicht warten muss. Er weiß gar nicht, wie dankbar er mir eigentlich sein müsste.

Doch solche Strategien funktionieren nur, wenn Außenstehende im Spiel sind. Ansonsten, muss ich zugeben, hat Simone nicht bloß Jan im Griff. Wenn Claudia im Wartenlassen eine Großmacht ist, dann ist Simone eine Supermacht, und dazu muss sie sich nicht einmal mehr die Kleider vom Leib reißen wie als Kleinkind. Wenn wir also loswollen, stehen Claudia, Jan und ich mit schöner Regelmäßigkeit in voller Montur bei uns im Flur herum und warten auf Simone, die sich nur ganz schnell eben noch schminken muss, ihre hochhackigen Stiefel sucht oder weiß der Teufel, was sie sonst gerade in ihrem Bermudadreieck versenkt hat, jetzt aber dringend, unbedingt, auf jeden Fall braucht, sonst kann sie unmöglich los, das wäre peinlich.

Als ihre Entwicklung solche und ähnliche Wendungen nahm, war ich ja zuerst entsetzt – noch so eine, dachte ich, als ob Claudia nicht schon genug wäre. Doch hier wie auch anderswo ist das alles nur eine Frage der Sichtweise. Denn als wir wieder einmal herumstanden und Jan sich die Seele aus dem Leib brüllte, damit Simone endlich die Gnade hätte, zu uns zu stoßen, fiel mein Blick auf meine persönliche Herzensfavoritin. Über ihrem Kopf hatte sich eine dunkle Wolke gebildet, aus der heraus es blitzte, donnerte und stürmte. Vulkanschwaden dampften aus ihren Ohren. Aber zugleich war sie hilflos und konnte nichts anderes tun, als auf ihre Tochter zu warten … warten …

Mein geistiger Blick wandte sich dem Stockwerk über uns zu, wo Simone herumtobte, und plötzlich sah ich sie, noch während sie sich die Haare trocken föhnte, gekleidet wie Robin Hood. Ja, dachte ich, sie lässt Jan und mich warten, aber Claudia auch! Im Grunde also ist Simone nichts weiter als meine persönliche Rächerin! Recht so, Monchen, zeigs ihr!

Seither bin ich vielleicht nicht gerade beglückt, wenn meine Tochter wieder einmal ewig und drei Tage nicht in die Gänge kommt. Doch statt mich aufzuregen, beobachte ich lieber meine Jadeblüte und die naturschönen inneren Stürme, die sich bei ihr abspielen. Und überbrücke so doch recht angenehm die Zeit.

23. KAPITEL

Abende

Nicht nur bei Kindern ist es ein tröstlicher Gedanke, dass alles bloß eine Phase ist. Bei Frauen auch. Hinterhältigerweise allerdings weiß man es bei ihnen im Gegensatz zu Kindern nie so ganz genau. Okay, bei den Joghurt- und Brotbackmaschinen, die jede Frau mal anschleppt, kann man noch relativ unbesorgt sein. Das geht meist nicht lange, allen guten Vorsätzen zum Trotz. Doch sonst: Was man zuerst noch als Phase abgetan hat, kann sich möglicherweise als neuer Lebensinhalt herausstellen. Leo etwa kann ein Lied davon singen, oder besser gesagt, vortanzen. Denn als seine Küken das Nest verlassen haben, hat seine Frau ihm zum Geburtstag einen Tanzkurs (Tango) geschenkt. Oder eigentlich hat sie den Kurs schlauerweise ihm für sich selbst geschenkt, denn jetzt soll das Leben aber so was von losgehen, und ohne Rücksicht auf Verluste. Wozu hat man seine Freiheit wieder?

Leo wollte zwar nie tanzen, ist aber auch zu geizig, die Sache jetzt einfach verfallen zu lassen. Aber er war immer, schon in der Schule, der dicke Junge hinten links am Buffet. Wenn es ums Essen ging, konnte er sehr wohl tänzerisch sein. Schnell, behände und leichtfüßig. Auf der Tanzfläche dagegen erinnerte er immer eher an die Frühpatrouille aus dem *Dschungelbuch*, und ich wette, daran hat sich nichts geändert. Wird sich auch nie. Leo ist so, was seine Frau Bettina ganz und gar nicht einsehen will, schließlich hat sie anderes bei ihm ja auch schon einigermaßen passabel hingekriegt, oder? Nachdem er aber schon den Mal- und den Yogakurs abgeschmettert hatte, war er jetzt beim Tango dran. Vielleicht war das ohnehin Bettinas strategisches Ziel. Ich beneide ihn nicht. Bettina allerdings auch nicht.

Abende dagegen – gemeint sind hier: Verkaufsabende – sind meist Phasen. Was Frauen zu dieser speziellen Phase zwingt, weiß ich nicht genau, vielleicht ihr Geschäftssinn oder das pure

Abenteuer oder das gemeinsame Erleben. Aber alle Frauen veranstalten mal solche Abende, oder nehmen wenigstens mal daran teil. Ein Vergnügen, das ihnen durchaus zu gönnen ist, zumindest, wenn es einigermaßen im finanziellen Rahmen bleibt. Sollen sie. Nur zu.

Das Blöde ist daran nur, dass die eigentlich veranstaltenden Firmen sich inzwischen darum bemühen, dass auch die Kerle an diesen Abenden teilnehmen, um größere Anschaffungen gleich abzusegnen, sonst gibt's zu viele stornierte Aufträge. Aus Sicht der Firmen kann ich das nachvollziehen, aus meiner Sicht aber hasse ich sie dafür. Als Claudia freudestrahlend damit angerückt kam, dass sie einen Verkaufsabend veranstalten wollte und ich sie doch ganz bestimmt unterstützen würde, schon der Prozente, Rabatte und Gastgeschenke wegen, lief es mir eiskalt den Rücken runter. Eine lange verdrängte Kindheitserinnerung stieg in mir auf; ich sah meinen Vater zwischen einem halben Dutzend begeistert quietschender Frauen schlagartig grau und grauer werden; er sackte langsam in sich zusammen, während die Damen mit Plastikschüsseln und Brätern, Frühstücksboxen und undefinierbaren Dosen mit und ohne Deckel hantierten und sich kaum noch einkriegen konnten vor Begeisterung. Wie praktisch das alles war! Wie ordentlich, sauber und aufgeräumt alles sein würde! Auch wenn die Anschaffungskosten erst einmal saftig waren, aber *lebenslange* Garantie, das war doch was! Und alles so übersichtlich! Und man konnte das Zeug nach Farben oder Größen oder weiß der Himmel wonach sortieren! Und inzwischen alterte mein Vater in seiner Sofaecke minütlich um Monate ...

Tatsächlich, ich hatte ganz vergessen, dass meine Mutter auch einmal einen Tupperabend veranstaltet hatte. Den beklagenswerten Zustand ihres Mannes erklärte sie später allerdings damit, dass sie Baileys im Schüttelbecher gemacht und ihn kräftig abgefüllt habe. Er unterschrieb dann zuletzt willenlos die Bestellung, und ihrer Erinnerung nach ergraute er auch erst, als die Rechnung kam. An den Abend selbst hatte mein Vater keine Erinnerung mehr. Vielleicht der Schock. Oder eben doch Baileys im Schüttelbecher.

Claudia aber wollte keinen Tupperabend veranstalten, obwohl sie Plastikdosen jeder Art liebt. Nein, bei ihr ging es um Töpfe und Pfannen. Inzwischen hatte sie bereits an einem Abend mit Bioprodukten teilgenommen und danach an einem für Duftkerzen. Da ich eine ausgesprochen empfindliche Nase habe, wurde ich diesmal aber doch ausgesprochen unwirsch, sodass das gesamte Zeug umgehend im Müll oder in der Geschenkeschublade landete, und zwar ungeachtet der daraufhin ausbrechenden Eiszeit zwischen uns. Claudia hatte allerdings weiterreichende Pläne, weshalb sie bald wieder Frühling einziehen ließ. Natürlich durchschaute ich nichts und wunderte mich nur ein wenig über meinen fast zu leichten Sieg.

Und ich ließ ihr das weitere Vergnügen auch, naiv wie ich war, zumal es sich noch um Verkaufsabende handelte, an denen ich nicht teilnehmen musste.

Das galt auch für die nächsten – Kosmetik und Dessous (den Putzmittelabend ließ sie aus … aha!) – und für einen weiteren Abend, den ich nicht näher ausführe, weil ich weiß, dass irgendwann Jan und Simone hier nachlesen werden. Jedenfalls aber amüsierte sich meine immer neugierige Nachtkatze auch dabei bestens. Dann allerdings wollte sie selbst einen Verkaufsabend veranstalten.

Eigentlich sollte ich ja nur da sein:

»Du musst auch bestimmt nichts tun, Moritz«, sagte Claudia, »überlass einfach alles mir und der Firma. Nur Hunger musst du mitbringen, wir kochen nämlich und essen dann zusammen. Teil der Vorführung, weißt du.«

Das beruhigte mich. Nur da sein kann ich gut, und hungrig sein auch. Vielleicht wird's doch nicht so übel, dachte ich. Ich lasse ein wenig Blabla über mich ergehen und stopfe mich dann voll. Und weil's eine Vorführung ist, muss das Essen auch erste Qualität sein, sonst würden sie sich ja ins Bein schießen.

Ich war also da und brachte Hunger mit. Außer Claudia und mir – und den beiden Jungs von der Firma – kamen noch Leo und Bettina und drei andere Frauen ohne männliche Begleitung, was die Firmenjungs wenig begeistert zur Kenntnis nahmen. Egal, dachte ich, bleibt mehr für mich. Meine Naivität an diesem Abend war schier grenzenlos, wie man sieht, und die zu Hause gebliebenen Männer erheblich gewitzter, oder vielleicht einfach erfahrener.

Die Firma brachte Sekt mit zur allgemeinen Auflockerung. Mich jedenfalls lockerte er wirklich auf, weil ich nichts im Magen hatte. Das war auch nötig, denn zunächst mussten wir einen kleinen Vortrag über uns ergehen lassen, weshalb wir in Zukunft so viel besser leben würden. Schon klar, dachte ich, wenn man sich erst mal ruiniert hat, lebt sich's unbeschwert. Man hat nichts mehr zu verlieren. Allerdings fragte ich mich plötzlich – oder vielmehr Claudia –, wozu sie eigentlich eine Chefkochausrüstung brauchte, wenn sie sowieso ständig auf Diät sei. Claudia fand das nicht so spaßig wie ich. Sie war schon im Kauf- und Verkaufsmodus.

»Moritz Petz, nimm dir allein schon den Topf und die Pfanne da – in Zukunft können wir fettlos garen und braten, und alle Vitamine bleiben erhalten, man braucht nicht mal Wasser und spart Energie durch diesen Thermoboden, alles ist aufgeräumt und praktischer, und überhaupt leben wir dann ernährungstechnisch viel bewusster«, sagte sie mit stierem Blick auf das ausgebreitete Töpfe- und Pfannenangebot. Mit anderen Worten, die Firma hatte sie bereits im Griff.

»Und, geht der Topf da für uns auch einkaufen?«, fragte ich sektselig, was mir einen Rippenstoß eintrug. Aber langsam wurde es mir doch unheimlich. Ich kannte nicht nur die Frau an meiner Seite nicht mehr, ich hatte auch keine Verbündeten – Leo ist begeisterter Hobbykoch. Besondere Sorge bereitete mir allerdings der Warenkorb, den die Firma angeschleppt hatte. Der Sekt war schon mal leer und die anderen Waren, die noch zubereitet werden sollten, machten einen ausgesprochen übersichtlichen Eindruck.

Derweil plätscherte der Vortrag (Gehirnwäsche?) weiter und nahm kein Ende. Mein Magen knurrte, und an dieser Stelle muss ich vielleicht einfließen lassen, dass ich im hungrigen Aggregatszustand irgendwann ein wenig gereizt werde, und umso mehr, je hungriger ich werde. Claudia kennt das schon, aber da sie nur die blinkenden polierten Töpfe und Pfannen im Blick hatte, war Moritz Petz bis auf Weiteres abgemeldet, und sie lauschte selig den blühenden Zukunftsvisionen, welche die Firmenjungs vor ihr ausbreiteten. Ich sah mich um. Überhaupt alle waren hypnotisiert, stellte ich fest. Bloß ich nicht. Ich war zu hungrig. Da hatte die Firma nicht mitgedacht. Ich dachte an Hungergebiete und sah mich zwischen lauter leeren Töpfen und Pfannen verenden.

»Gut dem Dinge«, unterbrach ich deshalb den Vortrag entschieden, was mir ausgesprochen böse Blicke eintrug, »aber mich interessiert jetzt doch mal die praktische Anwendung. Die weiteren Vorteile können wir ja beim Essen diskutieren.« (Eineinhalb Stunden oder so waren inzwischen schon vergangen, und neben dem Essen sehnte ich mich nach einer Rasur.)

»Du bist unmöglich«, stellte Claudia (zum wievielten Mal?) fest. Doch immerhin bequemte sich die Runde jetzt wirklich zur praktischen Vorführung – die Firmenjungs hatten begriffen, dass sie mich bei Laune halten mussten, wenn noch etwas für sie herausspringen sollte. Es wurde also gebraten und gekocht, dabei Vitamine erhalten, auf Fett verzichtet und Energie gespart.

Ich gebe zu, dass die drei Bissen, die zum Schluss für jeden heraussprangen, tatsächlich gut schmeckten, fettfrei und vitaminreich, und der Schweinerücken flüsterte mir zu, dass er energiearm gebraten worden war, bevor er in meinem gierigen Schlund verschwand. Aber mal ehrlich – ein klägliches Ergebnis. Ich war hinterher womöglich noch hungriger als zuvor, und irgendwie fühlte ich mich viel, viel älter als zu Beginn des Abends, zumal nun wieder mit aller Vehemenz sämtliche Vorteile von Pütt und Pann erläutert wurden. Ich dachte an Baileys im Schüttelbecher.

Die Verkaufsverhandlungen darauf wurden erbittert geführt. Leo machte sich vorläufig zu einem armen Mann, und Claudia war wild entschlossen, die Firma aufzukaufen.

»Denk bloß mal daran, dass wir uns diese Dinge jetzt noch leisten können«, sagte sie optimistisch, »aber wenn die Kinder erst mal größer sind, ist das bestimmt nicht mehr drin. Und … *lebenslange* Garantie!«

Lebenslange Garantie. Nun ja. Ich konnte trotzdem einiges verhindern, fürchte aber, dass Claudia sich in allen Töpfen und Pfannen durchsetzen konnte, die sie sowieso von vornherein im Auge gehabt hatte. Jedenfalls nahm sie mein Veto für diesen ganz kleinen Topf, jene superpraktische Schüssel und für die Großfamilienpfanne relativ gelassen hin. Mir fiel das bloß nicht mehr auf, weil ich unendlich müde war, mir der Kopf schwirrte und ich mich nur noch nach meinem Bett sehnte. Ersatzweise auch nach unserem Kühlschrank, um ihn leer zu futtern. Überflüssig zu erwähnen, dass sich dieser Abend so unendlich lang hinzog, dass ich beinahe gefragt hätte, ob sie auch Schnabeltassen im Angebot haben. Das hämische Grinsen der Firmenjungs bei der Verabschiedung vergesse ich auch nie mehr.

Claudia gelang es nie, fettfrei zu braten. Das Zeug brannte sofort fest und konnte nie wieder ganz entfernt werden. Mit einem letzten Seufzen entschwanden alle Vitamine aus den Töpfen, bevor sie unsere Teller erreicht hatten. Und Thermoböden hin oder her, den Herd mitten im Kochen abzuschalten war nur für die Abteilung kalte Küche eine gute Idee.

Auch wenn Claudia todesmutig daran festhält, dass dieser Abend mit seinen Produktergebnissen in unserer Küche eine tolle Idee war, fehlt ihr nach allem doch etwas die Überzeugungskraft dabei. Schon klar, so ein bisschen ist es ihr unangenehm, und natürlich bin ich Gentleman genug, nicht auf der Sache herumzureiten. Auch, um sie nicht auf die Idee zu bringen, es noch mal zu versuchen, um es beim nächsten Mal besser zu machen. Aber schließlich hat sie sich auch abgekühlt, und auf Verkaufsabende geht sie schon lange nicht mehr. Und die Brotbackmaschine, die sie gestern angeschleppt hat, um uns irgendwie autark zu machen, nehme ich nicht so ganz ernst. Ich hoffe, das ist kein Fehler.

24. KAPITEL

Einbrecher

Okay, es gehört nicht eigentlich zum Thema, ich geb's zu. Oder wenn doch, dann zur Abteilung *Ich würde jetzt gern wirklich schlafen, bitte, bitte, bitte.* Aber erwähnt werden sollte er doch, dieser Typ, der sich nachts, dickbäuchig und unrasiert, mit Maske und gestreiftem T-Shirt, einen Sack auf dem Rücken und das Brecheisen in der Hand in die Wohnungen nicht nur junger Paare schleicht, damit die Dame des Hauses im Bett aufschreckt und ihren schlaftaumeligen Beschützer aus demselbigen scheuchen kann.

Mitten in den schönsten Träumen wird man an der Schulter gepackt und heftig geschüttelt, während sie einem mit vor Angst bebender Stimme ins Ohr zischt, dass ein Einbrecher soeben die heimischen Gefilde betreten hätte, um einen auszurauben, sie hätte es ganz bestimmt genau gehört, da sei jemand.

Egal, dass die meisten Einbrüche tagsüber geschehen, weil da niemand zu Hause ist, im Gegensatz zu nachts.

Ganz egal, dass in dieser Hütte auch nichts herumsteht, was so viel Wert besäße, es unter Einsatz seines Lebens zu verteidigen, bis auf diese überaus geschmackvolle Glasschale von Tante Eva vielleicht, die einem allerdings auch bloß rein zufällig immer noch nicht heruntergefallen ist (die Schamfrist ist noch nicht abgelaufen). Völlig wurscht, dass es auch nicht sehr sinnvoll ist, starr vor Angst im Bett hocken zu bleiben und darauf zu warten, dass dem hauseigenen Ritter jetzt aber mal so was von kräftig das Brecheisen über den Schädel gezogen wird.

So oder so ist auf jeden Fall ein Einbrecher im Haus (oder auch nur im Bad der 30-qm-Wohnung), und der muss jetzt verscheucht werden. Erst einmal aber muss sich Moritz Petz wieder aufrappeln, weil er sich beim Aufstehen derart in der Decke verheddert hat, dass er der Länge nach auf den Boden geknallt ist. Tapfer ergreift er daraufhin die nächstbeste Waffe, die ihm in die Hände fällt – leider weder Pumpgun noch Machete, dafür aber einen sicher enorm bedrohlich wirkenden Federball-schläger, mit dem er den Einbrecher zu Tode spielen könnte, falls der Aufschlag klappt. Danach tappt er schlaftrunken im Dunkeln durch die Wohnung, in der irgendjemand fieserweise heimlich alle Möbel umgestellt hat, stößt barfuß heftig gegen Stuhlbeine und tritt unumgänglich auf die Legosteine, die sein Sohn strategisch günstig in der Wohnung verteilt hat, um schließlich fast von einem Globus erschlagen zu werden, der vom Schrank fällt. So bewegt er sich unauffällig, lautlos und mit zusammengebissenen Zähnen wie ein Indianer durch die Wohnlandschaft, um den potenziellen Einbrecher keinesfalls vorzuwarnen und ihm so den tödlichen Federballschläger auf dem Haupte platzieren zu können, während der Verbrecher gerade versucht, einen nicht vorhandenen Tresor voller Gold und Geschmeide zu knacken.

Als der Verbrecherjäger schließlich aber die Küche erreicht, glosen ihn tatsächlich zwei gefährliche grüne Augen an, und der Schläger leistet ihm wirklich brauchbare Dienste dabei, den Kater vom Tisch zu scheuchen, wo er ein leeres Weinglas umgestoßen und dabei ein Geräusch verursacht hat, das ganz bestimmt genauso klingt wie jenes, wenn gerade ein Fenster ein-geschlagen wird. Mit schmerzenden Füßen wankt Moritz Petz dann hellwach zum Bett zurück, wo ihn sein persönliches Ein-brecherfrühwarnsystem schon friedlich schlummernd erwartet, und im Geiste merkt er sich für morgen einen Arzttermin vor, um die angeknacksten Zehen richten zu lassen.

Alles in allem weiß ich nicht, wie viele Einbrecher ich bei wie vielen Frauen auf diese Weise schon verscheucht und sie an ihrem schändlichen Tun gehindert habe. In der Unterwelt müsste ich eigentlich schon einen Ruf wie Donnerhall haben.

Wie ich gelesen habe, schlafen Männer ja angeblich besser und gesünder, wenn sie das Bett mit einer Frau teilen, während für Frauen das Gegenteil gelten soll. Männer entspannen demnach eher, wenn sie ein Frühwarnsystem neben sich liegen haben. Aber ehrlich gesagt, halte ich das für ein Gerücht.

25. KAPITEL

Ausnahmezustand

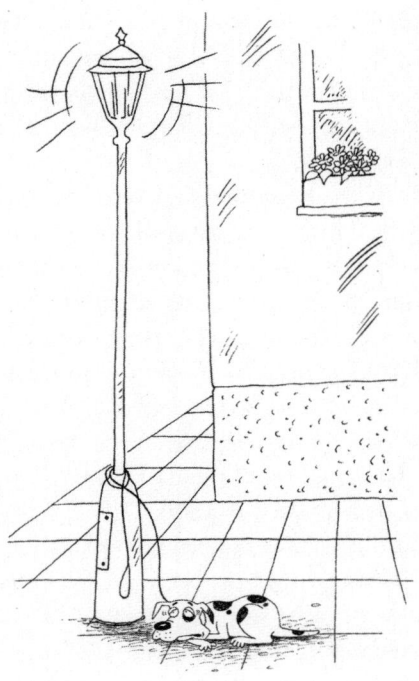

Es wäre gelogen, wenn ich behaupten würde, immer nur auf Frauen und nie auf Männer zu warten. Aber selbst wenn ich auf Männer warte, haben die kleinen Hexen mit hoher Wahrscheinlichkeit ihre Finger im Spiel. Jetzt zum Beispiel warte ich auf Alex.

Zwar sitzt mir Alex gegenüber, so nach außen war er pünktlich wie üblich. Aber in Wirklichkeit ist der Bursche da ein Mutant, der mir nur eine schwache Alex-Rolle vorspielt und so tut als ob, während er blöde in sein Bier grinst. Ich weiß genau, das da ist nicht Alex. Und ich warte darauf, dass der echte Alex wiederkommt.

Klar ist mir aber auch: Schuld an dieser Wandlung ist natürlich eine Frau, oder wenn man's genau nehmen will, tragen zwei Frauen die Schuld daran. Vielleicht sogar drei, wenn man seine Ex noch dazuzählt. Schließlich, hätte sie nicht die Brocken hingeworfen …

Alex ist Naturwissenschaftler und eher der rationale Typ. Ich will ihm ja romantische Anwandlungen nicht völlig absprechen, aber ein Kerl, der seine Lebensgefährtin zum fünfjährigen Jubiläum in den Goldenen Kochlöffel – den Imbiss an der Ecke – einlädt, hat möglicherweise doch noch hier und da Nachholbedarf. Auch wenn's im Goldenen Kochlöffel halbe Hähnchen gibt, die ihresgleichen suchen. Und Alex' Bemerkung »Okay, es war unser Fünfter, aber ich hatte Appetit auf Hähnchen« war eventuell auch nicht ganz hilfreich, zumal Carola ihn (wie das bei den meisten Männern der Fall ist) an diesen bedeutungsvollen Tag extra erinnern musste. So hat möglicherweise auch diese Bemerkung dazu beigetragen, dass es zwischen Carola und ihm nicht mehr so ganz passte.

Nach einer gewissen Karenzzeit jedenfalls ist jetzt Lena angesagt, und zu meiner nicht geringen Überraschung denkt Alex nicht etwa nur an ein vorübergehendes Andocken, nein, er will endgültig Anker werfen.

»Siehst du, hab ich dir doch gesagt«, meinte Claudia (die Zweitschuldige!) triumphierend, die diese Traumverbindung schon seit einiger Zeit im Auge hatte und einiges dafür getan hat, dass sie auch zustande kam. Wie ist sie auf diese Idee gekommen? Mir wäre das nie eingefallen. Der nüchterne, pragmatische Alex einerseits und Lena andererseits, die irgendwo lebt, aber bestimmt nicht auf dem Planeten Erde. Wenn Lena mich in der Mache hat – sie ist Masseurin, und eine gute dazu –, regnen Verschwörungstheorien gemischt mit esoterischen Weisheiten derart heftig auf mich nieder, dass ich mich schon allein deshalb krampfhaft an der Liege festhalten muss, um nicht weggeschwemmt zu werden. Den Fehler, ihr zu widersprechen oder auch nur geringste Zweifel anzumelden, mache ich längst nicht mehr, denn dann geht das Temperament mit Lena durch, und mein Kreuz hat das auszubaden. Und auch eine Fußmassage von Lena in voller Fahrt ist ganz und gar nicht der Genuss, von dem Sie vielleicht beim Wort »Fußmassage« träumen.

Ohne Betäubung wird dabei das Gehirn in die Herzregion katapultiert, das Herz landet dafür irgendwo unter dem Bauchnabel und die Nieren haben eh genug und wandern aus. Zurück bleibt ein hohler Kopf, der automatisch nickt, wenn Lena etwas sagt. Ich schätze, das ist Absicht. Trotzdem kann ich Lena empfehlen, vorausgesetzt, man beherzigt meinen Ratschlag und widerspricht ihr nicht, jedenfalls nicht in ihrer Praxis.

»Aber die beiden ergänzen sich doch ganz wunderbar, das sieht doch ein Blinder mit Krückstock«, beharrt Claudia. »Was er an Fantasie zu wenig hat, schießt Lena dazu, und Alex wiederum kann sie ein bisschen erden. Ist doch prima!«

Solche Dinge bringen auch nur Frauen fertig. Wenn sie selbst liiert sind, ertragen sie es einfach nicht, dass andere es nicht sind, warum auch immer. Sie müssen dann kuppeln, es macht Spaß, ist anregend, unterhaltsam und vermutlich genetisch bedingt. Und so fädeln sie zufällige oder angesagte Treffen ein, verbreiten Gerüchte, preisen Kerle an wie Sauerbier (sodass man sich fragt, weshalb sie den Typ nicht selbst vom Fleck weg heiraten) und schwärmen von anderen Frauen (was ihnen sonst nie einfallen würde). Voller Risikofreude stürzen sie andere in Affären, alles bloß um zu gucken, was passiert, und dabei tun sie harmlos wie Hoppelhäschen. Und oftmals haben sie sogar noch Erfolg damit.

Ich dagegen kenne mich kaum noch aus. Der Typ mir gegenüber ist Lena-besessen und ganz sicher nicht mehr er selbst, seit er bei ihr landen konnte. Zwanghaft redet er nur noch von ihr und zerrt sie selbst bei den abstrusesten – oder aber wichtigsten! – Themen an den Haaren herbei.

»Hast du das Spiel gestern gesehen?«, frage ich etwa, und Alex nickt.

»Klar logisch. War doch ein Hammer, oder? Neunzigste Minute, und die hauen denen tatsächlich noch ein Ding rein. Unglaublich, ich hatte schon die Hoffnung aufgegeben. Lena war auch völlig baff. Dabei ist sie ja 05-Fan, schon ewig, aber wir kommen trotzdem klar! Sie kann das einfach so nehmen, und ich jetzt auch!« Er lächelt selig.

Oh, happy day. Alex hat seine tolerante Seite entdeckt, und ausgerechnet noch da, wo sie nicht hingehört. In Politik oder einfach im gesellschaftlich-sozialen Zusammenleben ist sie ja echt angebracht (also genau da, wo Alex bisher ganz und gar nicht tolerant war), und wahrscheinlich auch zwischen Mann und Frau. Aber beim Fußball hört der Spaß, wie jeder denkende Mensch weiß, schließlich auf.

Okay, ich weiß, da Alex gerade frisch verliebt ist, und weil die Geschichte jetzt auch tatsächlich läuft und nicht mehr bloß in der Schwebe ist, ist er bis zur Halskrause mit Dopamin vollgepumpt, wohingegen sein Serotoninspiegel bedenklich abgerutscht ist. Solche Entwicklungen findet man (wie Leo mir erklärt hat) auch bei Zwangsneurotikern. Entsprechend also sitzt Lena so rein geistig auch bei uns am Tisch, und sie hat Alex, der nur noch auf sie fixiert ist, voll im Griff. Aber trotzdem, wer ist der Bursche mir gegenüber, und wo ist Alex geblieben?

Ich mache einen Schwenk in die Politik und erfahre, dass Lena auch findet, dass die Politiker immer unfähiger werden (und mit hoher Wahrscheinlichkeit jedes Jahr leichter lenkbar für die Illuminaten). Angesichts der unausweichlich bevorstehenden Umweltkatastrophen denkt Lena, dass ein Wagen mit Vierradantrieb zum zukünftigen Überlebensgepäck gehören sollte (Alex wühlt sich bereits durch diverse Kataloge und Angebote); eine Vorstellung, die mich ihrer Logik wegen zum Lachen reizt, denn klar sind auch beim Weltuntergang alle Tankstellen 24 Stunden geöffnet, wie auch sonst. Meinen Einwand aber wischt Alex mit dem Hinweis hinweg, dass er eh vor allem nach einem Hybriden gucken würde. Dass Google und Microsoft sich vorher aber noch irgendwann einigen und daraufhin die Weltherrschaft übernehmen, ist für Lena, nebenbei gesagt, klar wie dicke Tinte, und als erstes gemeinsames Urlaubsziel haben Alex und sie sich die Bermudas ausgesucht, um der Sache richtig auf den Grund zu gehen. Zwischendurch lässt Alex noch einfließen, dass er auf Lena bis ans Ende aller Zeiten warten würde, wenn's sein müsste (was ihm tatsächlich manchmal so vorkommt, wie er glücklich lächelnd zugibt), dass es mit ihr niemals langweilig im Bett würde (was noch nie da war!); dass die Ärmste neulich Zahnweh gehabt, dies aber mit Rosmarinblätter-Kauen und Nelkenöl ganz schnell wieder in den Griff bekommen hätte und dass das Leben, seitdem er sie kenne, überhaupt viel interessanter und bunter geworden sei, was ich ihm sofort glaube. Schließlich mache ich einen letzten verzweifelten Ausfallversuch und würge Alex eines der uncoolsten Männerthemen überhaupt rein – ein Bekannter von mir musste neulich zum Urologen und stellte dabei fest, dass es sich dabei nicht wie erwartet um einen Mann, sondern um eine Frau handelte, was ihn ziemlich komisch anrührte. Alex nickt verstehend mit dem Kopf, und ich kann mir zwar nicht vorstellen, dass Lena auch dazu eine Meinung hat, doch genauso ist es: Erst neulich hat sie nämlich zu Alex gesagt, dass sie immer nur zu gleichgeschlechtlichen Ärzten gehen würde (falls ihre persönliche Schamanin gerade nicht erreichbar sei), denn ein Mann könnte nie verstehen, was eine Frau bewege, schon vom Energiehaushalt her nicht. Im Geiste stimme ich Lena vollumfänglich zu und gebe auf.

Ich tröste mich damit, dass Leo mir erklärt hat, dass der Zustand galoppierender Verliebtheit schon rein physisch maximal nur zwei Jahre anhalten kann, danach muss der Körper sowieso wieder runterfahren, um nicht, des chemischen Ungleichgewichts wegen, auseinanderzufallen. Also nehme ich mir vor, in der Zwischenzeit mit Alex losen Kontakt zu halten, um nach Ablauf der Frist unsere Freundschaft wieder aufleben zu lassen, sozusagen mit dem, was von Alex noch übrig ist. Den Rest des Abends lausche ich weiteren Lenageschichten, bis ich schließlich mit hängendem Kopf nach Hause schleiche.

Hier allerdings erlebe ich eine Überraschung. Claudia hat nämlich den Abend mit Lena verbracht und ist so entnervt, dass sie eine Flasche Wein geöffnet hat – ganz für sich allein, was ihr sonst gar nicht ähnlich sieht.

»Ich weiß wirklich nicht, ob es so eine gute Idee war, die beiden zusammenzubringen«, klagt sie. »Den ganzen Abend – geschlagene drei Stunden lang! – habe ich mir alles über Alex angehört, was Alex denkt, wie er geht und steht, wie recht er immer hat, wie er guckt und dass es nie langweilig mit ihm im Bett wird (was noch nie da war!). Ich kann einfach nicht mehr! Und ich will nie, nie wieder etwas von Alex hören! Ich weiß Dinge über ihn, die wahrscheinlich nicht mal er selbst weiß, oder wissen will. Lena ist völlig durchgedreht, und das soll wirklich etwas heißen.«

Sieh an, denke ich, kleine Sünden bestraft der liebe Gott sofort. Inzwischen allerdings frage ich mich, ob ich eigentlich damals genauso war, als die Sache mit Claudia so richtig in Schwung kam, wobei mir ein paar Szenen einfallen, an die ich mich eigentlich gar nicht mehr erinnern möchte. Offenbar ist es von der Natur, aus welchen Gründen auch immer, so eingebaut, dass man sich als frisch Verliebter unausweichlich zum Affen macht. Was die Sache mit Alex wieder etwas relativiert – also werde ich Nachsicht üben. Und warten.

Wen es übrigens interessiert:

Carola ist auch wieder liiert. Mit Björn. Ob daraus aber etwas werden kann und ob es wirklich passt, kann ich nicht beurteilen. Ich muss mal Claudia fragen.

26. KAPITEL

Warten auf Männer

Ich«, ächzt C&A, »brauche endlich einen Mann, der mich unabhängig macht.« C&A sind Claudias Freundinnen Conny und Angela. Sie heißen so, weil sie ständig aneinanderkleben, was die Chance auf sie unabhängig machende Männer nicht eben erhöht, sie jedoch nicht anficht. Sie haben auch immer so etwas Gieriges im Blick. Hätte ich Claudia nicht an meiner Seite, ich würde sie ein wenig fürchten.

»Diese Warterei auf den Richtigen kann einem den letzten Nerv rauben«, fügt Angela dem Stoßseufzer Connys hinzu.

Warten? Ich werde hellhörig. Kann es etwa sein, dass sogar Frauen zuweilen warten müssen? Das erscheint mir überaus unwahrscheinlich. Geradezu absurd.

»Sei nicht albern, Moritz Petz«, fährt mir Claudia jedoch in die Parade. »Du musst nur mal an einer öffentlichen Frauentoilette vorbeigehen. Dann weißt du Bescheid.«

»Oder: Wenn ein Mann zu Hause erst einmal etwas provisorisch repariert, dann bleibt es ein Provisorium. Wirklich gerichtet wird es nie mehr. Funktioniert ja, oder?«, wirft Angela ein.

»Ja, aber wenn's doch funktioniert …«, sage ich, mich dem Seitenblick Claudias mutig entgegenwerfend. Ich werde jedoch gleich von allen dreien überfahren.

»Erst mal muss man ja einen Mann überhaupt dazu bringen, dass er etwas repariert. Wenn er dann noch Handwerker ist, wird es nie was«, meint Conny.

»Ich hatte mal einen Masseur«, erzählt Angela, »aber massiert hat er mich nur ganz am Anfang. Als er mich ins Bett kriegen wollte. Danach war er immer zu müde.«

Wer will schon Arbeit mit nach Hause nehmen, hm?, denke ich.

»Oder wenn du dein Auto aus der Reparatur holen willst. Glaub ja nicht, die Kerle wären dann fertig, wenn sie's sagen.«

»Mein Letzter war Fußballfreak. Wenn ich Sex wollte, aber gerade ein Spiel im Fernsehen lief, hatte ich keine Chance. Egal wie tief ausgeschnitten mein Oberteil war oder wie kurz der Rock. Ich hatte immer das Gefühl, gegen 22 Männer mit behaarten Säbelbeinen zu verlieren. Das war so deprimierend.« Connys Augen füllen sich sogar jetzt noch mit Tränen. Ich hingegen verstehe den Mann: Ein schottischer Trainer meinte mal, dass er die Einstellung überhaupt nicht schätze, dass Fußball eine Sache auf Leben und Tod sei – es sei viel ernster. Da stimme ich ihm sofort zu.

»Hinter Ingo bin ich jetzt auch schon zwei Monate her«, seufzt Angela, »damit er mir die Steuer macht. Er hat's versprochen! Aber er tut es einfach nicht.« Sie zieht eine Schnute.

»Oder wenn sie sich mit ihrer Zeitung auf dem Klo verbarrikadiert haben«, wirft Claudia mit Blick auf mich ein. Hier könnte ich entgegnen, dass sie dasselbe mit ihren Comics tut: Unsere Toilette ist eben der einzige Raum, in dem man nicht sofort von Kindern aufgescheucht wird, denen gerade etwas Megawichtiges eingefallen ist oder die irgendetwas von einem wollen.

»Zum Essen kommen die Kerle auch immer zu spät«, beklagt sich Conny düster. »Wenn sie dann endlich anwackeln, ist alles schon fast kalt.« Okay, schon, aber wer Connys Essen kennt, der käme am liebsten gar nicht. Das sage ich aber nicht laut, weil ich am Leben hänge.

»Und dafür steht man zwei Stunden in der Küche«, sagt Claudia finster, währenddessen ich das Gefühl habe, dass sich die Mädels gerade gegenseitig irgendwie hochschaukeln und dass es für mich eng werden könnte, spätestens, wenn C & A gegangen sind. Geistesgegenwärtig gehe ich zum Gegenangriff über.

»Sag mal, mein Herzchen«, wende ich mich zuckersüß an meine Angetraute, »war Björn eigentlich immer pünktlich?«

»Natürlich«, sagt sie von oben herab. »Und Provisorien kamen für ihn auch nie infrage. Immer Nägel mit Köpfen, hat er gesagt und einen Handwerker bestellt. Und, Herr Petz, zu irgendwelchen Terminen war er schon vorher da. Nur mal so. ›Fünf Minuten vor der Zeit ist des Soldaten Pünktlichkeit‹ hat er immer gesagt.« Sie lächelt triumphierend.

»Und zehn Minuten später kommt der Sanitäter«, wehre ich mich. Hat sich Björn also doch eher als Soldaten gesehen, denke ich. Auch irgendwie typisch. Ob er im Geiste auch kugelsichere Pullunder trug?

»Schon«, wirft Angela ein, »aber jetzt muss ich Moritz doch mal recht geben: Interessanter waren immer die Sanitäter.« Sie scheint in Erinnerungen zu schwelgen und lächelt beglückt.

»Na ja, diese überpünktlichen und immer korrekten Typen … das ist zwar nett und verlässlich, und so was braucht man ja auch hin und wieder. Schon wegen Rente und so. Aber wo bleibt da das Abenteuer?«, fragt Conny.

Wirklich sehe ich mich – obwohl ich natürlich nie zu spät bin und mich verlässlich um alle Provisorien spätestens dann kümmere, wenn sie den Geist aufgeben – im selben Moment als eine Art Indiana Jones und schiebe mir einen imaginären Fedora in den Nacken.

Auch Claudia scheint da so die eine oder andere Erinnerung zu haben, wenn sie Björn und mich vergleicht. Bausparvertrag oder Lachkrämpfe, Muttertag oder Kurztrip nach Venedig, Minigolf oder Open-Air-Konzert. Ich sehe, dass der direkte Vergleich doch noch für mich ausfällt.

Innerlich wische ich mir den Schweiß von der Stirn. Gerade noch mal Glück gehabt.

27. KAPITEL

Pünktliche Frauen

Es gibt Frauen, die ich hasse, weil sie pünktlich oder wenigstens annähernd pünktlich sind. Sie lassen einen nie warten, obwohl man das Treffen mit ihnen so gern hinauszögern möchte. Man will nochmals in sich gehen und sich irgendwie vorbereiten (und hat nie den Eindruck, dass man vorbereitet genug wäre). Dabei müssen solche Frauen gar nicht unangenehm sein, im Gegenteil.

Zu besagten Frauen gehört zum Beispiel meine Zahnärztin. Zugegeben, sie ist eine ausgezeichnete Ärztin (das sage ich gewiss nicht bloß deshalb, weil ich weiß, dass sie das hier lesen wird), und sie hat, nebenbei gesagt, die schönsten Augen, die ich je bei einer Frau gesehen habe, egal ob live oder virtuell. Doch aus welchem Grund auch immer, ich kann mich einfach nicht auf ihre hinreißenden Scheinwerfer konzentrieren, wenn sie sagt: »Schwester, holen sie doch bitte die extralangen Nadeln für die Wurzelbehandlung.«

Weshalb ist sie so grauenhaft pünktlich? Wieso vergisst sie nie einen Termin? Warum ist sie so schauerlich verlässlich? Weshalb wird sie nie krank und sagt von sich aus ab? Sie ist ein Phänomen, eine Sphinx.

Wenn sie den Bohrer anwirft und mich zärtlich darauf hinweist, dass es jetzt etwas schmerzen könnte, frage ich mich, ob sie wohl zuweilen ihren Mann warten lässt. Wahrscheinlich tut sie es. Sonst wäre sie von einem anderen Stern. Nur mich lässt sie nie warten. Mich versetzt sie nie. Ich bin mir aber nicht sicher, ob ihr Mann mich darum beneiden sollte.

28. KAPITEL

Krankenschwester

Was Claudia gar nicht ausstehen kann, ist, wenn jemand aus der Familie krank wird. Krankheit nervt sie, schließlich muss sie auch funktionieren, und bei den Kindern kommen natürlich noch die Sorgen dazu, die sie sich in einer freien Minute so macht.

Bei Moritz Petz ist das anders. Wenn der krank ist, dann soll er sie gefälligst nicht anstecken.

Meine Viren sind die einzigen, die Claudia wirklich fürchtet, was mich schon ein bisschen stolz macht. Ich werde selten krank, aber wenn, dann immer nur in bester Qualität. Meine Viren gehören zur obersten Preisklasse aus dem 1-A-Regal, sie sind echte Ferraris unter lauter Trabbis. Nur sie können auch Claudia zur Strecke bringen, während sie alle anderen mit kühl-überlegenem Lächeln abblockt. Und irgendwie betrachtet sie das wohl als Demütigung: Ausgerechnet mit der einzigen Virenschleuder der Welt, die ihr über ist, ist sie auch noch liiert.

Trotzdem sollte Moritz sich nicht so anstellen, und wenn er krank daniederliegt, wird er eh unausstehlich. Und wie die Männer dann immer wehleidig jammern ist sowieso beliebtes Frauenthema, hahaha. Dabei ist es für uns die einzige Kompensation, der einzige Urlaub vom Harter-Kerl-Sein, den wir haben. Endlich können wir uns auch mal ein bisschen gehen lassen und jaulen, was das Zeug hält. Doch irritiert uns Kranksein auch, wir finden nämlich noch viel mehr als Claudia, dass wir eigentlich funktionieren müssten. Die eigentliche Crux ist wohl, dass wir, anders als Frauen etwa, ein irgendwie eher maschinelles Körperbild haben, und wir wissen nicht genau, was wir tun sollen, wenn Schraubendreher und Vorschlaghammer nicht weiterhelfen. Und John Wayne hat sich schließlich auch nicht mit einem Schnupfen ins Bett gelegt, vielmehr zog er selbst mit Triefnase noch los und metzelte den nächstbesten Indianerstamm nieder, der ihm in die Quere kam, egal ob schuldig oder nicht.

Wenn ich also schniefend im Bett liege, werde ich schon aus lauter Ratlosigkeit quengelig. Überdies aber lässt sich Claudia dann nur selten blicken, meiner guten Viren wegen; Simone, ewig beschäftigt, schaut immer nur auf einen kurzen Sprung herein (außerdem wird sie schon vom Zuschauen selbst krank) und Jan ist, wie üblich, mit seinen Kumpeln unterwegs.

Ich dagegen kann nicht schlafen, kriege schon allein vom Fernsehen oder Lesen nicht enden wollende Niesattacken und laufe schier aus, wenn ich mich in die Senkrechte begebe. Einsam, allein und vernachlässigt kann ich bloß abwarten, bis ich wieder einigermaßen regeneriere und nicht mehr ansteckend bin, und so macht das auch alles keinen Spaß. Inzwischen bleibt mir nichts, als bloß Löcher in die Luft zu starren oder ein wenig vor mich hin zu träumen.

Eine Krankenschwester zum Beispiel wäre jetzt nicht schlecht; eine, die mich nicht warten lässt oder gleich wieder draußen ist. Sie ist unansteckbar und weiß das auch, und so setzt sie sich sogar mitfühlend an mein Bett, wobei sie mit blutroten Lippen lächelt und die obersten Knöpfe ihrer hautengen und sehr kurzen Krankenschwesteruniform öffnet, weil ihr so warm ist. Naturgemäß erwärmt das auch mich ein wenig, derweil ich mich frage, seit wann zur Kluft dieser entzückenden Aspirinengel eigentlich High Heels mit Zwanzig-Zentimeter-Absätzen gehören. Doch vergesse ich die Frage gleich wieder, denn nun nimmt sie ihr niedliches Schwesternhäubchen mit dem roten Kreuz darauf ab, schüttelt sich ihr langes, güldenes Haar frei und ...

»Ich glaube, du hast Temperatur«, sagt Claudia. »Ich mach dir lieber mal Wadenwickel.«

Herrschaftszeiten.

29. KAPITEL

Manchmal zürnt er

Manchmal bin ich auf Krawall gebürstet und gar nicht lustig. Gelegentlich merkt Claudia das sogar noch vor mir, woraufhin sie entweder besonders liebreizend ist oder mir schlauerweise aus dem Weg geht, und ähnlich gewitzt sind unsere Kinder. Husch, husch, husch sind alle drei verschwunden. Dafür hasse ich sie dann, weil ich so ja erst recht keine Gelegenheit zum Dampfablassen habe. Und dann muss ich auch noch warten, bis die drei (in der Hoffnung, ich wäre wieder auf normale Betriebstemperatur heruntergefahren, was tatsächlich meist der Fall ist) wieder auftauchen. Meine Güte noch mal.

Zudem überkommt mich dann aber auch ein schlechtes Gewissen, ich sehe mich urplötzlich als eine Art Familientyrann; das wiederum verträgt sich schlecht mit meinem Selbstbild und ist eine Vorstellung, die meine Laune nochmals verschlechtert. Aber!

Andererseits bin ich keine Maschine, und Aggressionen gehören zum Leben (auch Claudia und unsere beiden Liebherzen sind da durchaus nicht immer so ganz ohne). Ach was, Aggressivität hat die Menschheit erst vorangebracht; hätte sie sich auf Blümchenpflücken – oder Warten! – beschränkt, lebten wir immer noch in Höhlen, das kannst du dir getrost mal hinter die Löffel schreiben, Mahatma Gandhi. Und was mich – auch oder weil's ganz und gar sinnlos ist – erst recht auf die Palme bringt, ist dann noch die relative oder auch spezielle Ungerechtigkeit des Lebens. Also hergehorcht, Einstein, dir werd ich jetzt mal den Kopf waschen:

Dass Zeit relativ ist, wissen wir ja inzwischen. Danke für die Erkenntnis. Ich glaube allerdings, dass du einen entscheidenden Aspekt in deiner Theorie übersehen hast – nein, übersehen *wolltest*, altes Haus. Zeit ist nämlich, was Männer und Frauen angeht, noch ein bisschen relativer, und das wusstest du natürlich. Hab ich recht? Dazu muss man nicht mal Physik studiert haben. Und nun, wo ist denn, bitte schön, deine extra-spezielle Erklärung dafür?

Okay, für Claudia läuft die Zeit, wenn sie in einem Geschäft ist, natürlich schneller als für mich, der draußen herumsteht. Sie ist in Bewegung und beschleunigt, ich bin statisch. Um sie herum ist Action, um mich nichts als Hoffnungslosigkeit, Ver-zweiflung und Ödnis. Und klar läuft ihre Zeit schneller und meine langsamer. Interessant ist dann dabei, dass ich, obwohl meine Zeit langsamer läuft als ihre, dennoch schneller altere als sie. Wenn Claudia wieder zum Vorschein kommt, tänzelnd wie eine junge Boxerin, sieht sie im Gegenteil sogar jedes Mal einen Tick jugendlicher aus. Die Augen sprühen, die Wangen sind ein bisschen gerötet, die Lippen glänzen. Ich dagegen weiß, dass meine Haare wieder ein bisschen grauer geworden sind, dass meine Bartstoppeln dringend der Rasur bedürfen und dass ich wieder ein, zwei Falten dazubekommen habe.

Also, Albert, was hast du jetzt dazu zu sagen? Hm? Gut, gut, so weit bestätigt das ja alles deine Theorie. Aber ich glaube, du hattest einfach Angst: Du hast all das gewusst, darauf würde ich wetten, schließlich warst du verheiratet. Aber du hast es nicht näher unter die Lupe genommen, sondern stattdessen lieber ein bisschen mit Masse, Zeit und Raum herumgespielt: Alles bloß, weil du nicht an des Pudels Kern heran wolltest, denn du wolltest es dir nicht mit den Frauen verderben. Des-halb hast du dir flugs einfach eine andere Baustelle gesucht, oder? Hab ich recht? Und schwupps, da war er, der Nobelpreis.

Aber nö, stattdessen überlässt du's Moritz Petz, die Kastanien aus dem Feuer zu holen und zu schreiben, wie das wirklich so ist mit der Relativität. Du kanntest dich schließlich mit der Zeit aus und wusstest, dass irgendwann so ein Trottel daherkommen und die eigentlich ernsthaft relevanten Zusammenhänge beschreiben würde. Dem bist du natürlich schlauerweise ausgewichen – aber was werde ich mir alles anhören müssen, was dir natürlich erspart geblieben ist! Bloß allein von Claudia klingeln mir die Ohren, und das jetzt schon. Und, wo ist jetzt mein Nobelpreis? Hm? Eben. Ich schau natürlich wieder mit dem Ofenrohr ins Gebirge.

Überlegt man sich dann noch, dass die weibliche Lebenserwartung um einiges höher liegt als die männliche, dann ist das schon ein Grund zur Verbitterung, etwa nicht? Nicht nur also, dass das Leben einer Frau aufregender abläuft, sie haben auch schlicht mehr (bunter, glitzernder, beweglicher) und überdies noch länger etwas davon. Und, was machen sie? Gierig wie sie sind, stehlen sie den Kerlen auch noch die Zeit, bloß so zum Spaß. Ist doch echt zum Junge-Hunde-Kriegen.

So. Und jetzt gehe ich in die Wirtschaft, betrinke mich, rauche vor der Tür zähneklappernd und verbittert ein paar Zigaretten und verplempere ein bisschen kostbare Lebenszeit, bloß für mich! Soll mich doch der Nobelpreis! Oder so.

30. KAPITEL

Midlife-Crisis

Worauf ich – und nur vordergründig hat das erst mal nichts mit Frauen zu tun – noch immer warte, ist meine Midlife-Crisis. Ich weiß, ich sollte eine haben. Alle haben eine, und deshalb fühle ich mich derzeit da irgendwie ausgeschlossen und einfach nicht zugehörig. Eigentlich auch ein bisschen benachteiligt, wenn ich ehrlich bin. Aber weiß der Teufel, woran es liegen mag: Ich habe einfach immer noch keine Lust, ein knallrotes Sport-Cabrio zu kaufen und mir dazu eine langbeinige 18-jährige Blondine mit Vaterkomplex zu angeln, Nächte in Diskotheken durchzutanzen und aus lauter Angst vor dem Tod oder davor, etwas zu versäumen, noch mal so zu tun, als wäre ich zwanzig.

Vielleicht bin ich einfach zu faul. Aber allein bei der Geräuschkulisse in den Discos graust es mich schon. Tanzen bis zur Herzattacke ist irgendwie auch nicht meins. Und beim Anblick alternder Kerle hinterm Lenkrad eines tiefer gelegten Sport-Cabrios, bei dem sie beim Ein- und Aussteigen Fremdhilfe brauchen, muss ich unwillkürlich grinsen, ich kann nicht anders.

Und dann mal ehrlich, so eine aufgehübschte Zwanzigjährige ist sicher toll zum Angucken. Wer glotzt da nicht gern (außer den Konkurrentinnen natürlich, hehe ...). Aber erstens wird sie irgendwann auch Opfer der Schwerkraft (sie glaubt es jetzt nur noch nicht) und zweitens, eine Beziehung, wie auch immer, besteht nun mal nicht bloß aus Gucken. Und was, um Himmels willen, sollte sie mir dann Relevantes zu sagen haben? Irgendwann möchte man doch schließlich auch ein paar Worte wechseln (selbst wenn das bei der Lautstärke in der Diskothek nicht einfach ist, wie ich mich erinnere). Und dann?

Ganz zu schweigen davon, was ich ihr alles beibringen müsste, Claudia dagegen schon kann. Ich müsste sozusagen ganz von vorn anfangen ...

Nein. Wirklich nicht.

Aber was ist los mit mir? Warum krisele ich nicht wie alle anderen auch? Oder bin ich da zu kritisch? Zu schwerfällig?

»Nein, bist du nicht«, sagt Leo – der im Moment, neben dem Tangokurs, mit seiner Frau eine Paartherapie macht –, »was sich bei dir gerade abspielt, ist bloße Abwehr. Du lehnst die Krise, die natürlich schon längst da ist – sonst würdest du dir keine Gedanken darüber machen –, einfach ab. Damit aber auch dein unterschwelliges Bedürfnis nach einem Sport-Cabrio und der langbeinigen Blondine.«

Leo guckt irgendwie schwiemelig. Ich weiß genau, woran er denkt, was Bettina, seine Frau (die seit ein paar Wochen plötzlich erblondet ist), aber nicht zulässt: Es ist rot, hat vier Räder und kostet ein paar Jahresgehälter.

»Aha«, sage ich. »Das heißt, meine Krise besteht darin, dass sie nicht vorhanden ist?«

»Hm. Wenn du das so sagst, dann klingt das nicht nach einem positiven Ansatz. Aber für dich als Laien reicht die Beschreibung vielleicht erst mal.«

»Soso. Für mich als Laien. Aber genauer, wo liegt denn nun mein eigentliches Problem? Was würdest du sagen?«

»Ich glaube«, sagt Leo und nimmt die Brille ab, »dein grundsätzliches Problem ist nicht so sehr, dass du andere Menschen nicht verstehst. Es liegt eher darin, dass du nicht verstehst, wieso sie nicht alle so sind wie du.«

Na, danke. Die Welt erfüllt von lauter Moritz Petzens? Mich schaudert es bei der Vorstellung – wer guckt schon gern unausgesetzt in einen Spiegel (von Simone mal abgesehen)? Und wo bliebe *ich* da, so in meiner Eigenschaft als Individuum? So viel Bedürfnis nach Einzigartigkeit habe ich dann doch wieder.

Und außerdem: Wieder zwanzig sein? Allein die – ja, genau – Wartezeiten damals schon: Die Mädels hatten noch keine Routine, folglich waren sie noch langsamer als heute. Schon allein die Zeiten, die ich vor geschlossenen Badezimmertüren verbracht habe! Und ständig waren sie wegen irgendetwas aufgeregt und man musste sich kümmern, sonst war man gefühlskalt oder einfach nur ein blöder Kerl. Dauernd etwas los, und immer nur heiße Luft. Pausenlos war eine gerade irgendwo verloren gegangen, und man musste sie suchen, statt sich Erfreulicherem widmen zu können; eine andere war gerade ganz verzweifelt und man musste ihr zuhören, denn sonst würde sie sich umgehend entleiben (am nächsten Tag war natürlich keine Rede mehr davon, sie war springlebendig und putzmunter, während man selbst die Augen nur mit Hilfe von Streichhölzern offen halten konnte), eine Dritte musste einem jetzt unbedingt von irgendeinem tollen Jungen erzählen und merkte nicht, das man selbst gern besagter Junge gewesen wäre – und so weiter. Kurz, permanent wurde man aufgehalten und abgehalten, nie ging irgendwas voran, und wenn doch, dann garantiert nicht das, was man erwartete.

Kein Wunder, dass man sich selbst auch mal entleiben wollte, bloß dass das dann irgendwie nicht interessant genug war.

(»Kann ich dann deine Anlage haben?«, fragte mich Andrea einfach nur, aber deshalb war sie natürlich noch lange nicht gefühlskalt oder blöd.) Wenn man selbst verloren ging, suchte kein Schwein nach einem (»Ach, Moritz, wir wissen doch, dass du auf dich aufpassen kannst«) und selbst hatte man nie die Gelegenheit, einem Mädel mal so richtig nachhaltig das Herz zu brechen. Immer stellten sie sich als Stehaufmädchen heraus und suchten sich ganz egoistisch selbst ihre Dramen aus, die sich selbstverständlich immer nur um andere Männer drehten. Wie auch sonst.

Jedenfalls, damals prallten Frauen- und Männerwelten noch völlig ungebremst aufeinander, keiner verstand irgendwas – ganz zu schweigen vom jeweiligen anderen – und jeder fragte sich, ob alle anderen vielleicht einfach nur völlig durchgeknallt wären, oder ob einem selbst möglicherweise im entscheidenden Augenblick der Faden gerissen wäre und man deshalb keinen Durchblick hätte. Dafür aber wurde geredet, geredet und geredet, natürlich ohne, dass man nur einen Zentimeter weiterkam: Warten auf Erkenntnisse, über Jungs oder Mädchen, die sich so einfach theoretisch nicht einstellen wollten. Nein, man musste da auch noch durch und es praktisch erleben. Es er-warten, sozusagen.

Also bitte. Das alles noch mal erleben wollen? Okay, kann ja sein, dass ich meine Midlife-Crisis irgendwie ablehne und keine rechte Lust auf sie habe. Aber wenn ich mir all das vor Augen halte, das ganze Hin und Her, das Gewusel und den ständigen Wechsel, dann habe ich ausnahmsweise mal Verständnis für mich. Doch, ich verstehe mich gut, dass ich keinesfalls wieder zwanzig sein will. Außerdem habe ich zu viel zu tun dafür, denn ständig prallen Claudias und meine Welten ungebremst aufeinander (als Ersatzspielerin steht auch Simone zur Verfügung), dauernd ist gerade ein Kind verloren gegangen, oder es ist eben – glücklich oder unglücklich – verliebt; Freunde und Freundinnen, die durch unser Haus pilgern, geben sich die Klinke in die Hand, und jede Menge Diskussionsbedarf haben wir selbstverständlich auch ständig.

Die erste Hälfte des Lebens, sagte Clarence Darrow (ein amerikanischer Staranwalt und Bürgerrechtler) mal, würden uns die Eltern verderben, und die zweite Hälfte die Kinder. Kluger Mann. Aber jetzt muss ich los. Ich bin mit Claudia beim Autohändler verabredet: Sie will da etwas kleines rotes Schnelles.

31. KAPITEL

Geburtstag

Ich bin gierig, und ich stehe dazu. Ich will, zu den entsprechenden Anlässen, Geschenke. Ich will viele Geschenke, nein, noch mehr Geschenke. Zwei Tage später habe ich dann vergessen, wer mir was geschenkt hat.

Aber eigentlich schenke ich noch lieber, das ist viel spannender und nicht so anstrengend. Man macht sich Gedanken über den oder die zu Beschenkende/n, wühlt sich bequem durchs Internet, verplempert angenehm seine Zeit und freut sich, wenn man eine nette Idee oder jedenfalls irgendeinen Ausweg aus einem möglichen Geschenkdilemma gefunden hat. Das trägt die Belohnung in sich, und zugleich ist man noch ein guter Mensch, weil man sich so viele Gedanken gemacht hat.

Der Beschenkte dagegen muss sich bedanken und vor Freude strahlen und den Schenkenden mit dem wohlig-warmen Gefühl überströmen, dass er alles sogar noch mehr als bloß richtig gemacht hat, denn sonst ist er ein unhöflicher Nichtsnutz und kriegt nie wieder was. Harte Arbeit, wenn man den ganzen Tag glücklich grinsen soll.

Kinder zu beschenken ist, bis sie so etwa 18 sind, relativ einfach – einfach immer das, was gerade in Mode ist (was bei Simone jede Menge Klamotten bedeutet, bei Jan allerdings nicht). Erst danach wird's schwieriger, dann fangen sie an, individuell zu werden, und wollen nicht mehr so unbedingt im Strom mitschwimmen, um nicht blöd aufzufallen.

Claudia zu beschenken ist da schon erheblich problematischer. Süßigkeiten gehen schon mal gar nicht (Dick-Falle), Kleidung ist wegen ständig wechselnder Größen auch nicht leicht, und vor allem begibt man sich aufs Glatteis damit: Schenkt man eine Nummer kleiner, wird das als unausgesprochene Kritik (Dick-Falle) gesehen, eine Nummer größer als Beleidigung (Dick-Falle) und die jetzt gerade gültige Größe kann man nie,

nie herausfinden. Ein Wellness-Wochenende könnte ebenso in alle Richtungen ausgelegt werden, aber immer Schmuck ist auch doof, vor allem weil Claudia aus der Schmuckphase heraus ist. Nippes, welcher Art auch immer, verbietet sich von selbst, das Zeug hasst sie (Gott sei Dank!) und würde mir auch bloß immer doof im Weg stehen. Hier ist Claudia eher pragmatisch und wahrscheinlich nicht so typisch wie in vielem anderen. Ihr aber irgendwelche praktischen Dinge zu schenken ist auch blöd, denn das ist nicht romantisch, und dann ist man wieder einer dieser kaltherzigen und gleichgültigen Typen.

Im Nippes-Bereich ist dagegen Hanne, eine von Claudias Freundinnen, Weltmeisterin. Ihre Wohnung ist vollgestopft mit Figürchen und Döschen, Puppen, Deckchen, Fenster- und Türengebamsel und kleinen und großen Arrangements jedweder Art, sodass es jeden Kerl rückwärts wieder aus der Bude treibt. Dabei ist Hanne ausdrücklich auf der Suche, und zugleich wundert sie sich, dass es keiner länger als eine Viertelstunde in ihrer süßen rosaroten Plüsch-Wohnung aushält und jeder beim ersten sich bietenden Vorwand gleich die Flucht ergreift. Hanne aber findet das ganze Zeug, unzählige Staubfänger etwa in Regalen und Regälchen, auf Tischen und Tischlein von Barock bis Bauernstil, ebenso niedlich und kuschelig wie unverzichtbar. So wird's doch erst wirklich gemütlich, oder? Und gemütlich soll's doch nun wirklich sein, sozusagen eine quietschniedliche Trutzburg aus Zuckerguss gegen die Fährnisse des harten, kalten Lebens draußen.

Hanne besuchende Männer dagegen kriegen Krämpfe, wenn nicht mal Platz ist, irgendwo einen Rasierpinsel aufzustellen, oder wenn sie bei dem Versuch, sich umzudrehen, sofort ein mittleres Erdbeben mit entsprechenden Zerstörungen anrichten. Irgendetwas von dem Kitsch, Ramsch und Tand abräumen aber kann Hanne bei allem Notstand auch wieder nicht, das bricht ihr das Herz.

»Schau doch bloß mal, wie niedlich-traurig jetzt das Porzellanengelchen guckt, wenn es in den Karton soll, das geht doch nicht, und außerdem beschützt es mich und bringt mir Glück, genauso wie das rosa Plastikschweinchen von Silvester aus der Wundertüte. Wenn ich das wegwerfe, werfe ich womöglich noch mein Glück damit weg!«

Dazu kommt natürlich noch das ganze Zeug aus verschiedenen Urlauben, die einen an diese schöne Zeit erinnern – verstaubte Leuchttürme (»Nein, Moritz, das sind keine Phallussymbole, manchmal ist eine Zigarre auch bloß eine Zigarre!«), tonnenweise Bilder und Postkarten, Anhänger, getrocknetes Gestrüpp und Steine, Gläser und Becher, Selbstgetöpfertes, -gehäkeltes und -getrommeltes; Muscheln, kleine Lampen und Statuen, Federn und Sand aus allen Ecken der Welt, aber immerhin ordentlich in süßen Einmachgläsern mit niedlichen Etiketten und bunten Schleifchen verwahrt und beschriftet. Und alles ist irgendwie dringend nötig und nicht wegschmeißbar.

Hanne ist sonst alles andere als doof, aber was Nippes angeht, hat sie einen Tick – einen, den sie mit Millionen anderer Frauen (wenn auch vielleicht weniger extrem) teilt und der wahrscheinlich aus ihrer Barbie- und Prinzessinnenzeit stammt, als man noch imaginären Tee aus winzigen Tässchen getrunken hat. Hanne zum Geburtstag zu beschenken ist also das geringste Problem. Immerhin was.

Mein Geburtstag hat sich für mich inzwischen weitgehend erledigt, und nicht bloß der Socken zum Umschaufeln wegen, die mich jedes Jahr am selben Tag ereilen. (Immerhin habe ich den Vorteil, nie Krawatten zu bekommen, weil allgemein bekannt ist, dass ich keine trage.)

Ich glaube, hier ist ein Punkt, wo ich vergeblich warte: An meinem Ehrentag bin ich – anders als früher – alles andere als selbstbestimmt. Im Gegenteil: Es ist der Tag, an dem ich wie sonst nie geknechtet werde. Vielleicht ist es ja auch der unbewusste Versuch, mich für die anderen 364 Tage im Jahr irgendwie liebevoll zu bestrafen, wer weiß.

Vor Claudia und den Kindern war dieser Tag wild, animalisch, anarchisch, rücksichts- und skrupellos, und das nicht bloß im Alkohol- und Drogenverbrauch. Eigentlich feierte ich so um die 72 Stunden lang, bis ich erschöpft zusammenbrach, und alle machten mit, glücklich, die seltene Gelegenheit beim Schopf zu packen, aus dem grauen Alltag auszubrechen bis zum nächsten Geburtstag eines oder einer der geschätzten einhundert Freunde. Und dann waren da ja noch diverse Bekannte, zu denen man sich einlud, um mit ihnen 72 Stunden lang Geburtstag zu feiern, bis man vor Erschöpfung zusammenbrach.

Mit Claudias Eintritt in mein Leben relativierte sich das ein wenig. Ich fand, ich sollte schließlich schon auch ein bisschen beachten, was sich meine Gefährtin so vorstellte – zum Beispiel hasst sie es, in den Geburtstag hineinzufeiern und schon nach Mitternacht hemmungslos die eingepackten Geschenke aufzureißen. Dafür gab's morgendlich-ekstatischen Geburtstagssex, und das eingepackte Geburtstagsgeschenk aufzureißen war zugegebenermaßen mehr als bloß ein wenig entschädigend.

Aber auch das ging vorbei, als die Kinder auf der Bildfläche erschienen. Geburtstagsgeschenke dieser Art einerseits und Kinder andererseits vertragen sich schlecht, und überdies haben Kinder bereits vor der Geburt sehr genaue und eigene Vorstellungen, wie so ein Ehrentag abzulaufen hat.

Rein theoretisch ist es ausgesprochen niedlich, von zwei Geburtstagslieder singenden Kindern geweckt zu werden, die dazu noch einen fetten Schokokuchen mit Gummibärchen und kleinen Kerzen drauf in den Händen halten. Das relativiert sich allerdings mit dem Blick auf den Wecker – 5.30 Uhr ist einfach nicht ganz meine Zeit. Doch okay, die beiden Kleinen hatten es vor Spannung eben einfach nicht mehr ausgehalten, und so lächelte ich beglückt, lobte und bedankte mich artig und nahm jahrelang die selbst gemalten Bilder in Empfang (»Aha ... Schlangen in einer dunklen Höhle! Das hast du aber ganz toll gemacht!«). Später folgten dann die Gutscheine für alles und jedes, vorzüglich für Dinge und Handreichungen, die man Kindern besser nicht überlässt, was wahrscheinlich Absicht war. Doch auf jeden Fall musste zum Frühstück jetzt erst einmal ein dickes, pappsüßes Schokokuchenstück mit Gummibärchen drauf gekaut und irgendwie heruntergewürgt werden, denn die Kleinen hatten den Kuchen selbst gemacht und die Küche dabei auch selbst verwüstet. Das sollte man zu schätzen wissen. Aber wozu gibt's Kaffee? Mit dessen Hilfe bekam man das Zeug mit dem mal mehr, mal weniger angebrannten Kuchenboden auch irgendwie herunter, vor allem dann, wenn die kleinen herzigen Kuchenbäcker den Zucker diesmal nicht mit dem Salz verwechselt hatten.

Aber überhaupt, wirklich nett waren auch die Dekorationen, die Luftballons und Luftschlangen und vor allem natürlich überall verstreut das Konfetti, von dem man sogar bis zum nächsten Geburtstag noch eine Menge haben würde. Und dann die Spiele! Okay, sie unterschieden sich ziemlich grundsätzlich von denen, die ich früher zum Geburtstag gespielt habe, aber Spaß hatte ich trotzdem. Und schließlich gingen wir dann noch alle essen und bekamen hinterher Besuche anderer Paare mit Kindern, die entsprechend auch ihre Geburtstagsvorstellungen umgesetzt sehen und feiern wollten. Wenn einer das verstehen konnte, dann ich.

Irgendwie bin ich immer hin- und hergerissen. Ich mag dieses ganze Zeug zum Geburtstag und weiß jetzt schon, dass ich irgendwann Konfetti, Geburtstagslieder und sogar das alljährliche Abheften meiner Kindergutscheine vermissen werde. In den letzten Jahren ist das alles schon etwas dürftiger geworden, dafür aber konnte ich jetzt häufiger mal einigermaßen ausschlafen, bevor ich meine Gutscheine bekam, weil unsere Liebherzen bereits ihr ganzes Taschengeld verpulvert hatten.

Doch andererseits erinnere ich mich auch an die ekstatischen Geburtstagsorgien früherer Zeiten und sehne mich manchmal ein wenig danach zurück, einfach deshalb, weil ich die Dinge da noch in der Hand hatte und als Geburtstagskind auch die Kommandos geben konnte. Einen Tag (oder 72 Stunden) lang tanzten alle brav nach meiner Pfeife, weil sie nett sein wollten, und nicht anders herum.

Jahrelang habe ich mich damit getröstet, dass ich nur abwarten müsse, bis die Kinder erwachsen und aus dem Haus sind, dann würde alles wieder so werden wie früher. Aber ich schätze, das ist illusorisch, denn einerseits ist da immer noch Claudia und andererseits ist 72 Stunden im Vollrausch durchmachen auch nicht mehr das, was ich noch ersehne.

Überhaupt aber hat sich Geburtstaghaben etwas relativiert und ist nicht mehr so wichtig wie früher, obwohl es eigentlich immer wichtiger werden sollte, denn bekanntlich leben Männer weniger lange als Frauen. So gesehen sollte man seinen Geburtstag wirklich genießen.

Na ja. Irgendwie tue ich das wohl auch. Zumindest, seitdem ich keinen Schokokuchen mehr frühstücken muss.

32. KAPITEL

Warten aufs Christkind

Ein Aufsatz von Jan Petz

Am Weihnachtsmorgen bin ich früh aufgewacht. Das ist eigentlich immer so, bloß meine Schwester schläft bis in die Puppen. Meine Eltern waren auch noch nicht wach, aber sie hatten sich den Wecker gestellt, weil so viel zu tun war. Zum Beispiel sollten meine Großeltern am Nachmittag zu Besuch kommen und Mama wollte noch mit mir den Weihnachtsbaum holen. Papa hatte eigentlich gesagt, dass er das früher erledigen würde, aber Mama meinte, am Weihnachtstag gibt es die Tannen praktisch fast umsonst, weil sie das Zeug losschlagen müssen, und sie will warten. Papa hat ihr dann viel Spaß dabei gewünscht, aber es klang irgendwie nicht so, als ob er das ernst meint.

Nach dem Aufstehen habe ich gemerkt, dass ich Hunger habe, und wollte mir ein Brot machen. Es war aber kein aufgeschnittenes da. Also habe ich gedacht, ich schneide mir ein paar Scheiben mit der Brotschneidemaschine ab, aber ich war wohl in Gedanken, weil ich überlegt habe, was ich zu Weihnachten bekomme. Irgendwie habe ich dann blöd mit der Hand in die Maschine gefasst und mich geschnitten. Dann waren auch schon meine Eltern da und wollten wissen, wieso ich so heule, und Papa sagte, mein Gott, er blutet wie verrückt, und die halbe Küche war rot. Alle waren sehr erschrocken und sogar Simone war da und ganz blass. Meine Eltern haben mich sofort in das Auto gesetzt, Mama ist gefahren und Papa und ich saßen hinten und er hat mich ein bisschen beruhigt. In der Notaufnahme musste ich mich hinlegen, obwohl ich schon nicht mehr so stark geblutet habe, und der Arzt war sehr nett. Als er zwischendurch hinausgegangen ist, sagte meine Mutter aber, dass sie am liebsten im Erdboden versinken wolle, so wie ich aussehe, und Papa sagte, das geht schlecht, weil wir sind im ersten Stock. Jedenfalls hatte ich noch meinen Schlafpullover an, der nicht mehr so ganz sauber war, und meine Schlafhose war ein bisschen zerrissen am Knie und am anderen Bein an der Seite und die Socken hatten mehr so Löcher. Papa sagte, ich würde aussehen wie ein Clochard, und Mama hat trotz allem gekichert, aber es klang irgendwie ein bisschen hysterisch oder so. Ich fand das nicht fair, ich konnte ja nicht wissen, was passieren würde, sonst hätte ich mich besser angezogen und vorher gekämmt und geduscht. Es waren eben nur meine alten Schlafsachen. Dann bin ich verarztet worden und der Arzt grinste die ganze Zeit und meinte, er hätte auch Kinder. Ich war eigentlich wieder ganz ruhig und weil es betäubt war, tat es nicht mehr weh, und ich kriegte einen großen Verband um die Hand, der am Anfang ganz weiß war.

Danach sind wir wieder nach Hause gefahren. Simone lag krank auf dem Sofa, weil sie alles aufgewischt hatte und sich zwischendurch übergeben musste.

Mama stöhnte und sagte, es hilft jetzt alles nichts, und Moritz Petz, krieg das Chaos in den Griff, und sie geht jetzt die Tanne kaufen. Papa hat mir eine kleine Plastiktüte über die Hand gemacht und mich zum Duschen geschickt, was schwierig war, nur mit einer Hand.

Danach haben wir doch gefrühstückt und ich hatte einen Bärenhunger und Simone ging es wieder besser. Papa und meine Schwester sind dann in unseren Vorratsraum gegangen, um den Christbaumständer und alles für den Weihnachtsbaum zu suchen, aber der Ständer fehlte. Irgendwann sagte Papa, dass er gleich Anfälle kriegt und wo der verdammte Christbaumständer ist, aber ich wusste es auch nicht und guckte in der Zwischenzeit Weihnachtsfilme. Ich konnte ja nichts machen mit der Hand. Weil der verdammte Christbaumständer nicht zu finden war, sagte Papa, dass er jetzt schnell einen kaufen geht, falls man überhaupt noch einen kriegt, und wir sollen uns anstrengen und keinen Mist machen, wenn das ausnahmsweise möglich ist. Am besten, wir setzen uns aufs Sofa und bewegen uns nicht mehr und atmen bloß.

Als er weg war, kam Mama nach einiger Zeit wieder mit der Tanne, die ziemlich komisch aussah, und fragte, wo Papa ist, und wir sagten es ihr. Sie fasste sich an den Kopf und hat dann den Christbaumständer hervorgeholt und gefragt, wie man eigentlich so blind sein kann und dass Moritz Petz dringend eine Brille braucht. Simone sollte dann die Lichterkette probehalber mal einstecken und sie funktionierte nicht. Da hat Mama gar nichts mehr gesagt, sondern sich einfach nur in den Sessel gesetzt und einen Augenblick vor sich hingestarrt, bis Papa wiederkam. Er hatte den letzten Christbaumständer im zehnten Geschäft noch ergattert und kriegte fast einen Anfall, als er sah, dass wir unseren wiederhatten.

Danach hat er die Tanne gesehen, die Mama geholt hatte, und angefangen zu lachen. Die Tanne war nicht sehr groß und hatte eigentlich mehr so an einer Seite Zweige und der Stamm war komisch gedreht. Mama sagte aber trotzig, es ist eine echte Silbertanne und es war der letzte Baum am Stand, und Papa sagte, das glaubt er sofort. Dann fragte er, wie viel die Tanne gekostet hat, und meinte, dass es das Dreifache des normalen Preises war, und er klang ein bisschen resigniert. Mama verschwand in der Küche und Papa und Simone haben sich um den Weihnachtsbaum gekümmert, jedenfalls wollten sie es. Aber weil der Stamm so krumm und verdreht war, passte er nicht in den Ständer, und irgendwann fluchte Papa ziemlich. Mama kam wieder herein und sie stritten ein bisschen und Mama meinte zuletzt, dann soll er das blöde Ding eben an die Decke tackern, und er sagte, ... drauf, dann mache ich es eben so.

Simone und er haben an die krumme Spitze vom Baum grünes Geschenkband gebunden und den Baum dann wirklich an der Decke festgemacht, allerdings reichte es nicht ganz bis zum Boden und der Baum schwebte ein bisschen. Meine Eltern haben sich ziemlich kaputtgelacht und wir auch und so ein fliegender Weihnachtsbaum war mal etwas anderes. Danach haben wir versucht, die Lichterkette zum Funktionieren zu bringen, ich konnte aber nicht viel machen und habe Weihnachtsfilme angeschaut.

Irgendwann haben sie dann die kaputte Birne in der Kette gefunden, aber es hat elendslange gedauert. Mama meinte, wir müssen uns jetzt etwas beeilen, weil bald der Besuch kommt, und wir alle wollten dann den Weihnachtsbaum schmücken. Das war aber nicht so leicht, weil der Baum in der Luft hing und sich immer drehte, aber er sollte wenigstens nach vorne die Seite mit den meisten Zweigen zeigen. Mama und Papa haben ihn dann noch in die richtige Position gedreht und festgebunden und Simone hat fotografiert, aber die ersten Bilder waren ziemlich verwackelt, weil sie so lachen musste. Dann meinte Mama, wir müssen jetzt Turbo machen, und alle haben schnell den Weihnachtsbaum geschmückt. Es ging ziemlich durcheinander und jeder hat einfach irgendwas aus den Kartons geholt und in den Baum gehängt und Mama meinte zum Schluss, jetzt haben wir die Sache noch erfolgreich verschlimmbessert und die Großeltern müssten gleich da sein. Alle zogen sich um und wir warteten mit dem fertigen Essen, aber die Großeltern kamen nicht. Eigentlich hatten meine Eltern gesagt, sie sollen den Zug nehmen, aber meine Oma fand, dass sie das Geld sparen können, wenn sie mit dem Auto fahren, und sie müssen ja auch wieder zurück.

Wir haben ein paar Mal bei ihnen angerufen und uns ziemliche Sorgen gemacht, bis ein großer Polizeiwagen bei uns vorfuhr, und meine Eltern haben fast eine Herzattacke gekriegt und wir waren auch erschrocken. Aber dann kletterten unsere Großeltern heraus und wir waren beruhigt, weil sie wenigstens noch am Leben waren. Einer der Polizisten erklärte, dass sie unsere Großeltern aufgegriffen hätten, weil sie mit nur dreißig Stundenkilometern oder weniger auf der Bundesstraße bei Dunkelheit und Nebel gefahren waren, und so geht es auch nicht. Opa sagte doch, es ging nur so, weil die Lüftung in seinem Auto kaputt war und die Scheiben immer beschlugen, sodass er nichts sehen konnte, und Oma musste die ganze Zeit innen die Scheiben wischen und schneller fahren wäre eine Gefährdung gewesen. Der Polizist meinte, aber so über die Bundesstraße zu kriechen ist erst recht eine Gefährdung und man müsse sehen, ob mein Opa seinen Führerschein behalten könne. Den hatte er erst mal einkassiert. Mein Opa fand das eine Sauerei, weil er fährt schon seit hundert Jahren oder so Auto und hatte nie einen Unfall und das muss man schließlich auch bedenken. Der Polizist wurde ein bisschen sauer, aber Mama hat sich eingeschaltet und sich herzlich bedankt, dass sie unsere Großeltern trotzdem noch mit dem Mannschaftswagen zu uns gefahren hätten, und hat frohe Weihnachten gewünscht.

Als Oma hereinkam und unseren Weihnachtsbaum gesehen hat, meinte sie, was ist das denn für ein Ding, und fand ihn unmöglich. Am Essenstisch hat Opa die ganze Zeit gesagt, dass er seinen Führerschein wiederhaben will, weil er schließlich schon so lange unfallfrei fährt, und dass man das auch bedenken muss und nie etwas war, und Oma fragte, wieso wir so einen komischen Weihnachtsbaum hätten und ob es etwa nichts Vernünftiges gab. Mama sagte, dass sie sich manchmal irgendwie so müde fühlt, sie weiß auch nicht warum, Papa schenkte sich schnell noch ein Glas Wein ein und Simone wollte endlich

Geschenke haben und ich auch, weil es schon so spät war inzwischen. Dann schickten sie uns raus, um die Geschenke unter den Baum zu legen, das dauerte aber noch mal länger, weil sie irgendwie den Überblick verloren hatten und doch noch nicht alles eingepackt war, hat Mama später erzählt. Aber eigentlich war das nicht so schlimm, weil Simone und ich in der Zwischenzeit im Internet herumgesurft sind und dabei sowieso die Zeit vergessen haben.

Als sie uns wieder hereingeholt haben, lag ein Haufen Geschenke unter dem Baum, und weil er schwebte, passten sie wirklich alle da hin. Dann haben wir noch Weihnachtslieder gesungen. Früher fand ich das ein bisschen blöd, weil es noch mal dauerte, bis ich an die Geschenke kam. Aber diesmal hat es mir gefallen. Irgendwie war ich ganz froh über alle und dass wir zusammen waren, und Simone ging es genauso, hat sie mir erzählt.

Dann gab es die Geschenke und alle haben sich richtig gefreut, obwohl Opa zwischendurch sagte, dass er seinen Führerschein wiederhaben will, und Oma noch mal nachfragte, ob es wirklich keinen schöneren Baum gegeben hätte. Papa sagte dann Nein, außerdem habe er unbedingt diesen gewollt. Er hätte sich sofort in diesem armen kleinen Baum verliebt, als er ihn gesehen hätte, einsam und allein am Stand, er könnte sich keinen schöneren vorstellen und es sei der erste Weihnachtsbaum, der fliegen könne.

Ach so, sagte Oma da und guckte zu Mama und dann wieder zu Papa, dann ist ja gut, eigentlich ist er wirklich ganz nett und eine hübsche Idee ist es auch, und Mama sah Papa mit so einem besonderen Lächeln an.

Und das war dieses Jahr unser Weihnachten.

33. KAPITEL

Romantisch

Claudia hasst es, wenn sie auf mich warten muss. Sie fühlt sich dann irgendwie erniedrigt und nicht gewürdigt, was ich dunkel nachvollziehen kann. Natürlich unterstellt sie auch, dass man sie absichtlich warten lässt, was sie selbst nie tun würde. Und dass man sie warten lässt, das hat sie nicht verdient und ist ein Zeichen mangelnder Wertschätzung. Sie ist ein überaus geduldiger Mensch, aber sie warten zu lassen macht sie rasend. Außerdem ist es ungerecht – mich zum Beispiel lässt sie ja auch nie warten, oder jedenfalls nicht mit Absicht, außer manchmal, und da ist es etwas anderes. Überhaupt ist es romantisch, wenn ein Mann auf eine Frau wartet, im Regen zum Beispiel, einen Blumenstrauß in der Hand, auch wenn das Gestrüpp dabei langsam zusammenfällt. Er aber wartet unverdrossen auf sie, wird völlig durchnässt und lächelt trotzdem glückselig; vielleicht tanzt er auch noch ein bisschen in den Pfützen. Das ist süß.

Aber von Romantik verstehen Kerle eh nichts, auch wenn die großen Hollywoodstreifen von Männern geschrieben werden, aber erstens ist das etwas anderes, denn es ist ihr Beruf, und zweitens stehen hinter denen garantiert ein paar starke Frauen, die ihnen die entscheidenden Tipps geben. Jedenfalls aber: Frauen warten zu lassen ist rücksichtslos und rüde und sagt einiges über den betreffenden Kerl aus (was genau, will Claudia mir mit wissendem Lächeln jedoch nicht sagen).

Lässt eine Frau allerdings einen Mann warten, gibt es dafür immer gute Gründe. Aus seiner Reaktion kann sie zum Beispiel erfahren, wie viel sie ihm (noch) bedeutet oder ob sie nachjustieren muss. Oder sie verdeutlicht ihm so ihren Wert, denn man wartet ja immer nur auf etwas Lohnendes. Außerdem kann sie so aber auch beweisen, dass sie's nicht nötig hat.

Doch vor allem muss man natürlich bedenken, dass Frauen erheblich mehr Möglichkeiten haben, sich zu verspäten, etwa von der Kleidung her, denn auf die muss eine Frau schon rein gesellschaftlich mehr achten als ein Mann. Folglich muss sie ihr Outfit immer wieder probieren, neu arrangieren, verwerfen und schließlich zur Ausgangsidee zurückkehren. Das kostet Zeit, ist aber nur der Anfang. Schminken kostet ebenfalls Zeit (wobei Claudia für den Moment vergisst, dass sie sich notfalls sogar in stockdunkler Nacht bei Stromausfall innerhalb von drei Minuten perfekt herrichten kann; eine besondere Gabe, auf die sie nicht umsonst stolz ist), und vor allem ist da auch noch die Frisur zu bedenken und die Schmuckauswahl – schließlich ist einem nicht jeden Tag nach diesem Ring, jener Kette oder dem Armreif aus Burma, zudem passt das nicht unbedingt alles in sich zusammen und erst recht nicht zu jeder Frisur oder jedem Kleid. Das sind Auswahlmöglichkeiten und Fallen, über die sich Männer nie Gedanken machen müssen. Welche Frau will schon als Modeopfer losziehen oder aber immer gleich aussehen?

Doch damit sind wir immer noch nicht am Ende, denn Frauen gehen schließlich nur selten barfuß. Schuhe aber sind entscheidend, an den Schuhen kann man immer alles erkennen, das weiß jede Frau. Und nebenbei gesagt, Moritz, möchte ich mal sehen, wie du in High Heels Auto fährst oder auch nur zehn Schritt zurücklegst, ohne dir das Genick zu brechen. Und wer hat's erfunden? Ein Mann natürlich. Schuhe mit Pfennig-absätzen, damit wir langsamer sind und euch nicht davonlaufen können und damit wir schöner sind. Aber die Schuhe müssen schließlich auch zum Kleid passen, zur Frisur, zum Schmuck … das alles muss man sich vor Augen halten. Nicht warten lassen und pünktlich sein? Bei alldem könnt ihr froh sein, wenn wir noch am selben Tag ankommen, und gar nicht mit eingerechnet sind hier noch die Abteilungen Beine rasieren, Parfüm & Nagellack!

Und dann. Überleg mal, was passiert, wenn eine Frau irgendwo auf einen Mann warten muss. In welch unmöglicher Lage sie sich befindet. Andere Männer starren sie an: Wartet die auf einen Bestimmten, auf eine Freundin oder steht sie nur so doof herum? Könnte man sie anbaggern oder ist ihr Typ, wenn er um die Ecke kommt, einer von dem Format, gegen das Arnold Schwarzenegger wirkt wie ein schwindsüchtiger Zwerg? Wenn sie auf eine Frau wartet, ist sie dann lesbisch oder offen für alles? Und wenn's bloß die Freundin ist, hat sie dann keinen abgekriegt oder ist sie grad geschieden? Und beides sind schließlich auch Gründe, sie nicht anzubaggern, was allein schon eine Frechheit ist.

Dazu noch diese mitleidigen Blicke der anderen Frauen. Da weiß man auch genau, was die denken. Das reicht von *die hat wohl keinen abgekriegt* bis *die hat ihren Kerl wohl nicht im Griff*. In jedem Fall steht sie als Opfer da, oder man hält sie für unfähig. Du siehst – diese Peinlichkeiten, die seelischen Schmerzen, die ein Mann auf diese Weise seiner Frau zufügt, sind brutal und stehen in keinem Vergleich zu denen eines wartenden Manns.

Denn wenn er irgendwo auf sie wartet, dann heißt das doch bloß, dass er vor ihr da ist, um sie in Empfang zu nehmen, sich um sie zu kümmern, sie zu beschützen, das Terrain schon mal abzuchecken und notfalls vorweg zu säubern. Okay, vielleicht grinsen sich die anderen Männer eins, wenn sich der Typ mit seinem verwelkenden Gemüse in der Hand, dem nervösen Blick auf die Uhr, dem ratlosen Gesicht und schließlich dem Bart bis zu den Knien zum Affen macht. Und die Frauen gucken vielleicht auch mitleidig, weil ganz klar ist, dass der Kerl sich von seiner Angebeteten auf der Nase herumtanzen lässt (auf *die* Frau ist man jetzt wirklich gespannt – vielleicht kann man noch von ihr lernen?); und ehrlich gesagt will keine Frau etwas mit einem so offenkundigen Waschlappen zu tun haben. Schließlich, wo bleibt da die Spannung?

Aber trotzdem.

Romantisch ist es doch irgendwie.

34. KAPITEL

Telefon

Nein, dies ist bestimmt nicht mein Lieblingskapitel, so gehässig bin ich nicht. Aber nach all dem Warten, den Niederlagen, dem Immer-wieder-drauf-hereinfallen und den doch eher seltenen Erfolgen können Leserinnen – Leser sowieso – wahrscheinlich doch nachvollziehen, dass ich mir das Grinsen nicht ganz verkneifen kann, wenn ich feststelle:

Hm… warten lassen kann sich durchaus auch mal rächen.

Damit meine ich nicht die Männer, die sich wegen einer Überdosis Warten von Frauen trennen. Ich schätze eher, dass dieser Tropfen da irgendein Fass zum Überlaufen gebracht hat. Oder vielleicht doch nicht …?

Ach was, belassen wir's mal dabei.

Denn eigentlich will ich auf etwas anderes hinaus:

Kinder können wartende Männer, Freunde, Ehegatten rächen. Einfach dadurch, dass sie sind, wie sie sind.

Beispiel gefällig?

Claudia hängt am Telefon. Es ist natürlich wichtig. Unwichtige Telefonate führt Claudia nie. Und deshalb kann sie ihr Telefonat auch nicht mal eben unterbrechen, wenn Jan etwas von ihr will, oder Simone, oder beide. *Schschscht*, macht Claudia, wenn Jan ansetzt, sie nur mal eben ganz kurz schnell etwas zu fragen. Oder Simone. Dazu winkt Claudia noch energisch ab. Oder zischt noch ein *Jetzt nicht! Warte!*

Das tun unsere Kinder dann. Sie warten. Eine Weile jedenfalls. Dann schlagen sie im strategisch richtigen Moment zu und fragen eben das, was sie auf dem Herzen haben, und um sie loszuwerden und weil sie jetzt nicht diskutieren kann, darf oder will, sagt Claudia *Ja*, oder *Jaja!*

Und wie durch Zauberhand sind unsere Sprösslinge verschwunden, woraufhin Claudia den ganzen Vorfall vergisst; sie ist sowieso mit Wichtigerem beschäftigt, sie merkt nur, dass irgendein Kinderproblem gerade gelöst wurde und erledigt ist. So kann sie sich um all die interessanten Dinge kümmern, die aus dem Telefonhörer quellen, Spaß haben und ihre sozialen Beziehungen untermauern.

Als sie auflegt, beginnt sie nachzudenken. Irgendetwas war da doch eben, aber was? Sie geht durchs Haus, schaut nach und sieht: Simone fehlt, und Jan hockt vor dem Fernseher.

Wo er nicht hocken soll, er soll lernen, aber leider hat sie ihm (während sie telefoniert hat) gerade mit *Jaja!* gestattet, die Live-Rock-Nacht im TV zu gucken, bis ihm die Augen aus dem Kopf fallen ... Und wo ist Simone?

Die ist mit dieser Motorradgang los, um mal eine richtig zünftige Nachttour mit diversen Zwischenstopps in irgendwelchen Bars zu machen, aber um o.oo Uhr voraussichtlich zurück. So ungefähr. Wahrscheinlich, jedenfalls. Mal sehen, so genau wusste sie das noch nicht. Und auch das hat Claudia ihr (während sie telefoniert hat) erlaubt, wie sie jetzt von Jan erfährt. Was heißt: Den Rest des Abends verbringt Claudia in Sorge und schwer gebremster Aufregung Simones wegen, kann sich aber nicht mit Fernsehen ablenken, weil da Jan hockt, der die Live-Rock-Nacht anschaut.

Doch im Grunde ist das noch gar nichts gegen andere Telefonerlebnisse. Eigentlich hätte Claudia es ja spätestens seit Bettina und Frederick, und das heißt, seit langen Jahren schon, besser wissen können: Kinder (und erst recht Jugendliche) sollte man nicht warten lassen, ohne dass man sie dabei kontrollieren kann oder sonst irgendwie im Griff hat.

Kommen wir also zu Leos Sprössling Frederick und seiner Mutter Bettina, die eben gerade telefoniert, als Klein-Frederick angedackelt kommt.

»Mama ... die Katze ist schmutzig.«

»Schön, mein Schatz, Mama telefoniert.«

»Aber die Katze ist wirklich sehr, sehr schmutzig.«

»Ja, Schatz, gleich. Ich telefoniere.«

...

»Mama?«

»Ja! Gleich! Was willst du denn!«

»Soll ich die Katze waschen?«

»Ja, lass mich jetzt telefonieren!«

Bettina telefoniert weiter. Es rumort in ihrem Hinterkopf, was war das eben? Katze? Wie jetzt, schmutzig? Egal, das regeln wir gleich ... Bettina muss sich auf ihr Telefonat konzentrieren, das sich in die Länge zieht. Und irgendwie geraten ihr Frederick, Katze und Schmutz wieder aus den Gedanken. Bis ihr Sohn wieder kommt. Dabei schleppt er mühsam eine große Flasche Weichspüler.

»Mama?«

»Herrschaftszeiten ... ja doch, ich komm ja gleich!«

»Ist das richtig, wenn ich das in die Waschmaschine tue?«

»Das ist immer richtig, ich bin gleich fertig ...«

Weichspüler, immer richtig. Zufrieden entschwindet Frederick wieder. Bettina ist noch ganz und gar gefangen genommen vom Telefonieren – aber *Jetzt!* springen die Puzzleteile wie von selbst an die richtigen Stellen, und in diesem Moment ist das Telefonat plötzlich sehr, sehr unwichtig geworden. Denn ihr mütterliches Unterbewusstsein setzt zusammen:

Katze – schmutzig – Waschmaschine – Weichspüler – immer richtig.

Bettina hat in ihrem Zimmer im zweiten Stock telefoniert.

Die Waschmaschine ist im Keller.

Und während sie die Treppen hinuntersegelt, um die Katze zu retten, die ihr ordentlicher Sohn einer gründlichen Reinigung unterziehen will – nicht etwa von Hand, sondern, weil Frederick ein modernes Kind ist, gleich mit der Waschmaschine (rücksichtsvollerweise im Schonwaschgang, wie sie später feststellt) –, hört sie bereits das Wasser zulaufen.

Später hat sie erzählt, dass sie sich einer Herzattacke noch nie so nahe gefühlt hat wie in diesem Augenblick, selbst bei Fredericks Geburt sei ihr nicht so elend gewesen. Sie erreicht die Waschmaschine im letzten Moment, derweil die Katze drinnen schon heftig am Paddeln und einer Herzattacke vermutlich noch ein Stückchen näher ist als Bettina. Gut, dass Katzen manchmal doch hart im Nehmen sind.

Was, nur mal so, nicht für Autolack gilt, der mit dem Autoschlüssel bearbeitet wird, um ein schönes Kratzbild zu machen – auch dies das Ergebnis eines Telefonats einer mit uns befreundeten und telefonisch abgelenkten Mutter, die ihre bis zu diesem Tag künstlerisch stets geförderte, hochbegabte Tochter (vier) nur mal kurz warten lassen wollte.

Simone kam bei so einer Gelegenheit übrigens mal auf die Idee, es Pippi Langstrumpf gleichzutun. Und, was tut Pippi Langstrumpf so? Richtig, in ihrer Freizeit schaukelt sie an Lampen. In diesem Fall an einer Tiffany-Deckenleuchte, welche diese Nachstellung literarischer Erfindung (Danke, Astrid Lindgren) allerdings nicht verkraftete. Immerhin ist Simone ohne einen Kratzer aus der Sache herausgekommen, und das ist ja auch schon mal wichtig.

So ist das, wenn man sich beim Wartenlassen verschätzt, weil man gerade unkonzentriert ist. In der Regel unterlaufen Frauen solche Fehler aber nur selten, und so gut wie nie, wenn es um Männer geht. Die haben sich eher damit abzukämpfen, was sie tun sollen, während sie auf den Anruf ihrer Liebsten warten. Leo hat dazu mal ein Programm entwickelt – ganz unbeabsichtigt, in seiner Anfangszeit mit Bettina, die sich bei ihm melden wollte (*don't call us, we call you*), aber logischerweise auf sich warten ließ.

Erst versuchte er, sie selbst zu erreichen, was aber nicht gelang, denn auch da ähneln Frauen Katzen: Nicht nur, dass sie immer dann kommen, wenn man sie nicht will oder es gerade egal ist, aber nie, wenn man wie verrückt hinter ihnen her ist. Nein, sie haben auch die irritierende Fähigkeit, sich in aller Unschuld in Luft aufzulösen, und sind dann plötzlich an ihren Lieblingsplätzen – Futternapf, Sofa, Kratzbaum – nicht aufzufinden (die Katzen natürlich).

Leo blieb also nichts, als auf Bettina zu warten: er saß eine Weile vor dem Fernseher und schaute sich irgendeinen Tränenschocker an (was die Sache mit Bettina noch mal dramatisierte), schlich darauf zu seiner Anlage und lauschte verzweifelten Liebesliedern beliebter Jammersocken (was noch mal eins draufsetzte), rauchte eine nach der anderen und begann, da auch alle inneren Beschwörungen und telepathischen Kontaktversuche ganz und gar nichts nützen wollten, immer heftiger am Rad zu drehen.

In einem sich überraschend einstellenden Moment der Reflexion aber wurde ihm klar, dass er auf dem besten Wege war, sich demnächst entweder sinnlos zu betrinken oder aus dem Fenster zu springen (was nicht viel genutzt hätte, da er im Parterre wohnte). Und weiter reflektierte er, dass er sofort etwas unternehmen müsse. Da Bettina unerreichbar war, musste er bei sich selbst anfangen und sich, so rein emotional betrachtet, anders besetzen. Weshalb er zu handeln anfing – und alles tat, was er hasste: die Küche klarmachen, das Bad putzen, sich der Steuererklärung widmen. Woraufhin Bettina tatsächlich wenigstens etwas in den Hintergrund trat (besonders bei der

Steuer). Nach diesen ganzen Aktionen war er so sauer, dass er unter die Dusche sprang und danach erst mal Kippen holen ging.

Während er weg war, rief dann Bettina an.

War klar.

Miau.

35. KAPITEL

Internet

Pssssstttt! Nicht so laut! Am besten, ich flüstere auch … Richtig, ich sitze am Computer, bei Kerzenschein, und ich versuche, nicht so laut die Tasten zu drücken. Immer nur eine nach der anderen, ganz langsam. Und zwischendurch horche ich nervös immer wieder in die Stille und Dunkelheit unserer Wohnung hinaus …

Wenn ich sie wecke, wenn sie mich am PC erwischen, dann möchte ich nicht in meiner Haut stecken. Schließlich, ich könnte ja versehentlich irgendetwas verstellen oder anklicken oder die Kiste zum Absturz bringen wie schon einmal, und was, um Himmels willen, dann? Dann war er mal wieder verantwortungslos, der Moritz Petz, wo er doch sowieso immer irgendwo mit seinen Gedanken ist, nur nicht da, wo sie sein sollen, Autoren sind eh komisch, irgendwie ist man schon geschlagen, wenn man mit einem liiert ist oder ihn als Vater hat. Womit hat man das verdient?

Ich weiß es auch nicht. Ich weiß bloß, dass ich mit Wehmut an die Zeiten zurückdenke, als mein PC noch mein PC war. Als ich ihn noch nicht teilen musste, nur um schließlich die Oberhoheit über das Teil zu verlieren. Und ich erinnere mich noch, wie freundlich-naiv ich damals war, als ich erst Claudia und dann Simone und Jan mit der wunderbaren Welt des Internets vertraut machte. Nicht, dass das in Claudias Fall wirklich notwendig war, sie hatte ja einen auf der Arbeit. Doch sie wehrte sich mit aller Vehemenz dagegen, sich auch noch zu Hause an so eine Kiste zu setzen, wobei sie mich an eine Katze erinnerte, die man in das Transportkörbchen zum Tierarzt zu stopfen versucht. Plötzlich hatte sie zwanzig Pfoten, und *wo* die sich überall festkrallen und *wie* schnell das geht …

Jedenfalls, so ein Ding mochte ja praktisch sein, es erinnerte sie aber zu sehr an die Arbeit, und auch wenn sie ihren Job mag, will sie doch mal irgendwann abschalten.

Das waren noch Zeiten.

Egal, ich verstand das letztlich schon und hörte mit meinen Bekehrungsversuchen auf, ihr die interessante, praktische und bunt schillernde Welt des wunderbaren Internets nahebringen zu wollen. Das war dann wahrscheinlich der Fehler. Sie fühlte keinen Druck mehr, und deshalb konnte sie sich jetzt mal so ganz unbefangen an das Körbchen heranschleichen. Dem Petz Moritz völlig unverbindlich über die Schulter schauen und ein bisschen schnurren, wenn er sich mal etwas bei einem oder zwei oder drei Internetanbietern anschaute, zielgerichtet, wie er nun mal ist.

Und da fiel ihr dann doch zufällig ein, dass auch Supermärkte, zum Beispiel, praktische Vorwarnungen geben, wann irgendwelche Sonderangebote dem gierigen Verbraucher zum Fraß hingeworfen werden und man ganz bestimmt nicht hingehen sollte, jedenfalls nicht unbewaffnet. Und überhaupt könnte man doch auch so mal gucken, da gibt's doch diese Versteigerungen irgendwo, und möglicherweise ist etwas Gutes dabei, für die Kinder zum Beispiel. Genau, und wir haben doch selbst so viel Krims und Krams, vielleicht könnten wir auch irgendetwas anbieten? Das könnte die Wohnung und die Kinderzimmer erfreulich leeren, denk nur allein an das ganze aussortierte Spielzeug. Massen! Tonnen! Und nicht bloß, dass wir den Ramsch loswürden, wir bekämen auch noch Geld dafür! Und wenn das ganze Zeug versteigert wird, dann ist vielleicht noch irgendetwas ganz Seltenes dabei, und wir wissen es bloß nicht, und die Versteigerung geht in ungeahnte Höhen und wir wachen eines Morgens auf und sind Millionäre. Irgendwie so.

Das war der Einstieg. Ganz pragmatisch. Wie sie halt so ist, meine Jägerin. Nun ist Claudia aber nicht bloß auf Konsum ausgerichtet, obwohl das eine Seite ist, die ich an ihr durchaus zu schätzen weiß. Schließlich hat sie uns mit ihrem Näschen für

Sonderangebote und gute Geschäfte jeder Art schon mehrfach vor dem Ruin gerettet (allein, was Kinder im bloßen Normalverbrauch kosten, davon macht sich jemand ohne Kinder keinen Begriff, denn sonst gäbe es keine Kinder). Aber meine Gefährtin hat schließlich auch so noch viele, bunt schillernde Interessen, zum Beispiel Musik, oder einigermaßen intelligente Spiele – mit denen man prima abschalten kann – und überhaupt tauscht sie sich auch gern mit anderen aus, über Gott und die Welt und Rezepte und Männer, und wenn's irgendwie und -wo politisch wird, kommt sie erst richtig in Fahrt. Und Zeitung lesen kann man da auch, sogar ganz umsonst. Nur mal so als Beispiel. Wirklich und wahrhaftig, das geht doch eigentlich alles ganz bequem und amüsant über das Internet. Da schau her. Was man alles so entdecken kann ...

Jedenfalls haben wir uns dann ein paar Wochen später (etwas mühsam) auf Benutzerzeiten geeinigt, schließlich muss der komische Autor ja auch mal schreiben, und das ausgerechnet noch an unserem PC. Viel stilvoller, echter und eigentlich überzeugender aber fände sie im Grunde das gute alte Schreiben mit der Hand. So fiel zu meinem Geburtstag die übliche Sockenparade aus, dafür bekam ich aber ein ungemein stilvolles Tintenfässchen, Feder und Büttenpapier, natürlich im Internet bestellt.

»Das ist doch eigentlich richtig romantisch«, stellte Claudia fest. »Ich meine, du als Schriftsteller, mit Tinte und Feder schreibst du bei Kerzenschein deine Bücher, so wie früher die großen Autoren. Die haben ihr Zeug schließlich auch nicht bloß in so einen blöden PC gehackt. Das fühlt sich doch irgendwie gar nicht echt an, da fehlt doch das Sinnliche. Aber ich wette, wenn du jetzt so schreibst, dann gibt dir das einen ganz neuen kreativen Schub. Einfach mal ausprobieren!«

Immer allem Neuen aufgeschlossen, probierte ich es wirklich aus, wobei ich Papier zerkratzte, Federn abbrach und Tintenflecke machte, nur weigerte ich mich, das bei Kerzenschein zu tun. Etwas Brauchbares kam allerdings sowieso nicht dabei heraus. Doch immerhin konnte ich ja noch vormittags an unseren PC, auch wenn ich nun häufiger die Arbeit unterbrechen musste, um Claudia am Telefon den Stand dieser oder jener Versteigerung mitzuteilen oder überhaupt den Lauf der Dinge. Schließlich kann sie nicht nach Lust und Laune auf der Arbeit im Internet surfen, da war es schon ganz praktisch, wenn ich zufällig gerade an ihrem PC war. Überhaupt aber könnte ich mich doch auch mal nützlich machen und die Päckchen packen für unseren Account auf der Versteigerungsplattform, aber bitte verlässlich, sonst gibt es negative Bewertungen und die fallen schließlich auf sie zurück. Und zur Post bringen könnte ich das Zeug auch gleich, so ein Spaziergang an frischer Luft regt bestimmt auch meine Schriftstellerfantasie an und so schlägt man zwei Fliegen mit einer Klappe.

Dass auch Simone den Zugang zum Computer braucht, verstand sich nach längerem Genörgel und Gequengel von selbst. Inzwischen waren ja alle an der Schule in irgendwelchen sozialen Netzwerken vertreten, und da ist es blöd, wenn sie nicht dabei ist. Schließlich, wer weiß, was da alles hinter ihrem Rücken läuft, und eine Vorbereitung auf das spätere Leben ist es auch. Es geht ja schon jetzt nichts mehr ohne Computer, außer vielleicht das Schreiben von Büchern (Tinte, Feder, Kerzenschein). Wenn allerdings Simone (damals noch eingeschränkt) ins Internet darf, können wir nicht einfach sagen, dass Jan nicht darf. Weitere Computer in die Wohnung zu stellen kam aber nicht infrage, da war Claudia beinhart. Sie selbst wollte keinen, wozu auch, schließlich stand ihr PC ja zufällig in meinem Arbeitszimmer. Und dass die Kinder eigene Computer mit unbeaufsichtigtem Zugang zum Internet haben, ging nun gar nicht, auch wenn die Kinder das ganz anders sahen.

Das war der Zeitpunkt, als ich mich dazu entschloss, einen Laptop zu kaufen, unklugerweise einen mit Internetanschluss. Claudia fand das allerdings praktisch, und zuerst lieh sie ihn sich manchmal aus, um in der Pause auf der Arbeit schnell einen Blick zu werfen, wie die Dinge so laufen. Dann stellten auch die Kinder fest, wie enorm praktisch so ein Ding ist, man kann auf dem Bett chillen und zugleich unendliche Weiten betreten. Mit anderen Worten – der Laptop war überall, nur nicht da, wo er sein sollte. Andererseits wurde mein Zugang zu Claudias PC von ihr und den Kindern irgendwann noch mehr als zuvor reglementiert und eingeschränkt, nachdem ich versehentlich irgendetwas Entscheidendes gelöscht oder irgendein sündhaft teures Zeug aus Versehen für einen Euro verscherbelt hatte (ich weiß immer noch nicht genau, wessen ich mich schuldig gemacht habe). Im Familienrat wurde daher entschieden, dass ich nur noch unter Aufsicht an den Familien-PC darf, und auch erst, wenn Simone ihre Mails und Claudia ihre Accounts und Jan seine Spiele abgewickelt haben. Ich muss mich da also inzwischen schon etwas gedulden, um das mal so zu formulieren. Aber im Grunde ist das auch gleich, weil ich eh nicht mehr zum Schreiben komme, denn der Päckchen-Versand nimmt mich ganz in Anspruch. Natürlich ist so auch meine sonstige Karriere dahin, aber vielleicht ist das nicht so wichtig, man sollte wirklich lernen, auch loslassen zu können … *Oh, mein Gott – da ist eine Tür gegangen, ich habe es genau gehört, nein, drei Türen auf einmal, und es ist das Grauen, dem ich entgegensehe, das Grauen, ich höre Schritte, sie kommen näher und …*

36. KAPITEL

Laufwege

Wäre es tatsächlich so, dass das Wartenlassen oder gar Unpünktlichkeit irgendwie mit eingebaut wären, zum Beispiel in den weiblichen Genen liegen würden, dann bräche die deutsche Wirtschaft zusammen. Schließlich, ohne Frauen geht da gar nix. Aber nein, meine Arbeitsbiene etwa verspätet sich keineswegs täglich in ihrem Job. Im Gegenteil, sie kommt nie zu spät. Nebenbei gehört sie sogar noch zum Typus Arbeitsbiene, der noch mit dem Kopf unter dem Arm zur Arbeit erscheint. Wahrscheinlich, weil sie geliebt werden will, aber hier wie überall lohnt man es ihr natürlich nicht wirklich. Rein betrieblich gedacht, sind Gefühle zwar erwünscht – vor allem die Identifikation mit der Firma. Doch andersherum wird da nie ein Schuh draus. So ist es halt. Daran werden Frauen sich vermutlich ewig umsonst abarbeiten.

Hinzu kommt, dass Claudia schneller und härter arbeitet als ihre männlichen Kollegen. Das muss sie, denn sie hat einfach mehr zu tun. Nicht von den Aufgaben her, sondern was das ganze Drumherum betrifft. Tätigt sie zum Beispiel einen Anruf, dann muss mein Spinnlein automatisch auch an ihrem sozialen Netzwerk arbeiten. Männer dagegen telefonieren bloß, um dröge Informationen abzufragen. Dann legen sie auf und zwei Minuten später ist die Sache abgehakt. Öde.

Claudia dagegen macht sich noch ein paar Gedanken, und nicht nur das, sie behält das auch noch alles im Hinterkopf, um es im nächsten Gespräch mit einfließen zu lassen und teilnehmende Fragen zu stellen. So webt und spinnt sie den ganzen Tag, und das kostet Zeit und Nerven. Sie hat also schon von daher mehr um die Ohren, wenn sie ihren Job mindestens genauso wie ihr männlicher Kollege erledigen will.

Aber auch ihr Umgang mit der wunderbaren Welt der Technik ist ein anderer und vor allem zeitaufwendiger. Sie beschwört ihren PC, ermutigt ihn, spricht ihm leise gut zu. Wenn sie könnte, würde sie ihm gelegentlich auch ein Stück Kuchen mitbringen. Bei einem Computerabsturz weint sie, um ihn zu erweichen. Ihr Kollege dagegen drischt in so einem Fall bloß sinnlos auf die Tastatur ein, flucht und bedroht das Teil damit, ihn durch Saftabdrehen hinzurichten, und zwar für immer und ein für alle Mal.

Aber zurück zum Punkt. Es geht also doch, das mit der Pünktlichkeit. Wenn Claudia will.

Soso.

Aha.

Das legt natürlich, in ihrem wie auch in allen anderen Fällen weiblichen Wartenlassens, einen unerfreulichen Schluss nahe: Wenn's dem Eigennutz dient, dann haben Frauen kein Problem damit, auf die Minute rechtzeitig auf der Matte zu stehen.

Hm.

Als ich Claudia jedoch mit diesem Gedankengang konfrontiere, blitze ich – nicht ganz unerwartet – ab.

»Moritz Petz«, sagt sie und guckt niedlich (irgendwie muss sie sich doch ertappt fühlen), »du hast das nicht zu Ende gedacht. Wenn ich morgens aus dem Haus stürme und pünktlich im Büro bin, dann liegt das bloß daran, dass vorher alles routiniert abgelaufen ist. Ich weiß, was ich anziehe, mein Frühstück ist in null Komma nichts fertig, im Bad brauche ich nie länger als sechzehneinhalb Minuten. Um es dir leichter zu machen, sag ich's mal in der Fußballsprache: Meine Laufwege sind automatisiert. Eigentlich also fange ich schon mit der Arbeit an, wenn ich aus dem Bett steige. Aber bei allen anderen Dingen muss eben extra überlegt und ausprobiert werden, oder irgendwas kommt dazwischen. Das können die Kinder sein, ein Anruf, oder etwas Wichtiges fällt mir noch ein. Egal, irgendetwas ist immer. Und es ist ja nun nicht wirklich neu, dass ich mich bei uns um Gott und die Welt zu kümmern habe, oder?«

Jaja. Schon klar. Irgendwie redet sie sich immer heraus, ein Vorwurf, den sie allerdings mir gern macht und der natürlich völlig haltlos ist. Und wenn sie sich erfolgreich herausgeredet hat, geht sie in die Offensive, eine Taktik, die sich die Mädels schon bei ihren Müttern abschauen, während die Jungs bloß dröge warten, dass der Sturm vorübergeht. Selbst schuld. Aber Tatsache ist eben doch, dass Frauen unter Umständen, die ihnen geeignet oder notwendig erscheinen, einen nie warten lassen.

Wenn Claudia und ich uns etwa irgendwo in der Stadt treffen und sie auf die Sekunde pünktlich ist, schrillen bei mir sämtliche Alarmklingeln. Guckt sie dann noch niedlich und hat sie sich womöglich noch ein bisschen extra aufgehübscht, dann weiß ich, dass irgendetwas im Anmarsch ist und ich mich wappnen sollte. Sollte, aber letztlich finde ich sie halt doch unwiderstehlich. Trotzdem aber leiste ich nach Möglichkeit bei dem folgenden Anschlag auf mich erbitterten Widerstand. Ganz so einfach muss ich es ihr auch wieder nicht machen. Außerdem macht ihr das Freude. Wenn sie dann doch kriegt, was sie will, dann ist das so, als hätte sie ein besonders günstiges Schnäppchen ergattert. Na ja. Und gelegentlich gefällt es mir nicht so schlecht, wenn ich das Schnäppchen bin.

37. KAPITEL

Alles nur ein Traum

Was ich überhaupt nicht leiden kann, sind Geschichten, die einen fesseln und mitreißen, wo man mitfiebert und womöglich mitleidet, und bei denen hinterher der Autor ankommt und sagt ätsch, alles nur ein Traum. Besonders bei Kinderbüchern gibt's so was zuweilen, und nicht bloß Kinder fühlen sich da veralbert. Ärgerliche Zeitvergeudung und außerdem, so von der Auflösung her, auch ziemlich langweilig. Deshalb also gleich vorweg:

Ich erinnere mich selten an meine Träume. Ich habe auch nicht den Ehrgeiz, das zu ändern, selbst wenn mich solche seltenen Erinnerungen gelegentlich gefangen nehmen und ich noch ein paar Stunden unter ihrem Eindruck stehe. Mir aber deshalb eine Bibliothek mit Traumdeutungsbüchern zuzulegen ist mir noch nie eingefallen. Vielleicht grübele ich zuweilen, wofür wohl dieser Vampir, jenes Monster oder mein längst verblichener Vorfahre, der im Kreise von fünf ihn anschmachtenden Bubikopfmädchen mit Champagner anstößt, gerade stehen und was sie symbolisieren. Oder weshalb auf dem Dach des brennenden Hauses ungerührt eine Poolparty stattfindet und der König statt einer Krone auf dem Kopf einen Apfel aus Gelee trägt, den ich hinunterschießen soll, wofür man mir zwar Pfeil und Bogen zur Verfügung stellt, sich der Bogen aber wegen Rückenschmerzen beschwert, als ich ihn anspanne, und der Pfeil mir sagt, dass er heute keine Lust hat zu treffen, was mich ungemein erheitert.

Okay, über all das kann man in einer freien Minute mal nachdenken, aber im Grunde gehe ich über solche Eskapaden hinweg.

Vermutlich habe ich einfach das Zutrauen, dass mein Unterbewusstsein die Dinge schon irgendwie so regelt, wie sie sein sollen. Den Job muss ich mir nicht auch noch aufhalsen.

Aber. Neulich Nacht hatte ich sehr wohl einen Traum, der mir doch zu denken gibt.

Ich war als investigativer Journalist unterwegs, für *Stern* oder *Focus* oder *Spiegel* oder so, und es war klar, dass nach meinem Artikel die Geschichte des Wartens neu geschrieben werden muss.

Jetzt sollte ich den Chef (Alex, dessen Begeisterung, auf Lena zu warten, auch schon nachgelassen hat) einer extremen Untergrundorganisation treffen, die sich »Radikal-Anonyme Wartende« nannte. Schon die Kontaktaufnahme – nur möglich über eine Briefkastenadresse in Liechtenstein, einen verschlagenen Schweizer Anwalt und ein haitianisches Nummernkonto – stellte mich vor nicht unerhebliche Probleme. Doch nach gut einem halben Jahr intensiver Vorarbeit und mehreren, oft in letzter Minute gescheiterten Versuchen, treffen wir uns, kurz nach Mitternacht, unter konspirativen Umständen in einem Frankfurter Parkhaus mit vier verschiedenen Fluchtwegen, die von Alex' Helfern besetzt worden sind.

Alex, schemenhaft erkennbar hinter einer schwach ausgeleuchteten Stellwand, ist vermummt mit Palästinensertuch, Skimaske und Sonnenbrille, bei der Beantwortung meiner Fragen spricht er in einen Stimmverzerrer.

Grüß dich, Alex. Eure Sicherheitsvorkehrungen sind ausgesprochen ausgeklügelt. Weshalb dieser Aufwand?

Alex: Wir wissen, dass jeder von uns gefährdet ist. Wir stehen im Kreuzfeuer der Kritik von Frauen und deren feministisch-kapitalistischen Drahtzieherinnen in Politik, Wirtschaft und Justiz. Aber wir wollen nicht mehr warten. Deshalb drehen wir den Spieß jetzt um: Lass warten, was dich warten lässt!

Ist eine solche Radikalisierung nicht eher kontraproduktiv?

Alex: Nein. Manche Dinge sind nur mit Radikalität zu ändern. Diese Radikalität geht aber prinzipiell nicht von uns aus. Dennoch, man muss auch bereit sein, hohe persönliche Opfer zu bringen. Anders werden wir nicht gehört werden. Manchmal muss ein Mann tun, was ein Mann tun muss. Auch wenn wir von den Frauen in den Untergrund gezwungen worden sind, geht unser Kampf weiter. Sie werden nicht durchkommen!

Vor wenigen Wochen wurden in einem Berliner Kaufhaus zahlreiche wartende Männer entführt und mit Freibier, Pornomagazinen und der Liveübertragung eines Fußballspiels daran gehindert, ihre natürlichen Wartepositionen wieder einzunehmen. Die Frauen dieser Männer mussten stundenlang auf deren Freilassung warten, damit sie ihre Einkäufe nach Hause tragen konnten. Ihr habt für diese Aktion in einem Bekennerschreiben die Verantwortung übernommen. Führen solche Aktionen nicht zu einer sinnlosen Eskalation, einer Welle des Wartens?

Alex: Wir glauben, dass es nach Jahrtausenden der Unterdrückung der Männer durch wartenlassende Frauen genug ist. Wir wollten ihnen vor Augen führen, dass Wartenlassen eine Form der Gewalt ist. Seelisch, physisch, zeitlich. Dass sie von daher, wenn schon nicht aus rein humanitären Überlegungen heraus, ihr Verhalten ändern sollten. Die Berliner Aktion hat zu großer Nervosität in der Klasse der zeitbeherrschenden Frauen geführt. Das ist ein Anfang.

Eure politischen Forderungen sind allerdings weitreichend.

Alex: Nicht weitreichender als die Unterdrückungsmechanis-
men der Frauen! Wir fordern als ersten Schritt die flächen-
deckende Einrichtung von artgerechten Schutz- und Warte-
zonen für Männer in allen Einkaufszentren von Flensburg
bis Konstanz. Solche Männergärten gibt es bereits, doch nur
vereinzelt. Außerdem verlangen wir, gesetzlich verankert, den
Einbau von Zweittoiletten in Privathaushalten und zwingend
vorgeschriebene Entwartifizierungskurse für Mädchen ab 14.
Natürlich kann all das nur der erste Schritt sein, um ein Um-
denken bei Frauen zu bewirken, das ist uns auch klar. Aber die
Öffentlichkeit muss aufgerüttelt und sensibilisiert werden für
die Leiden wartender Männer.

Ich weiß ja nicht so genau, was ich von alldem halten soll, doch
gerade, als ich Alex die nächste Frage stellen will, stürmt eine
Einsatztruppe von Polizistinnen – unter Simones Kommando,
übrigens – das Parkhaus. Und jetzt sind Alex und seine Jungs
ihnen hilflos ausgeliefert, denn inzwischen wartet draußen vor
dem Parkhaus eine Meute von Reportern und Fotografen, und
weil die Mädels des Sonderkommandos auf den Fotos gut aussehen wollen, fangen sie erst einmal damit an, sich gegenseitig
die Augenbrauen zu zupfen, den Lippenstift nachzuziehen
und auszuprobieren, ob man diese Polizeihüte nicht irgendwie
modischer auf dem Kopf tragen kann, ohne dass sie einem deshalb die Frisur ruinieren.

Derweil winden sich Alex und seine Bande auf dem Boden
und betteln darum, abgeführt zu werden, um es endlich hinter
sich zu bringen, was Simone hohnlächelnd ablehnt, und ich …
wache schweißgebadet auf.

Okay. Jetzt mal wirklich – was ist los mit mir? Läuft mein
Unbewusstes gerade heiß? Radikalisiere ich mich? Finde ich

mich demnächst in irgendeiner Untergrundwohnung wieder? Und was mache ich da – warten? Worauf? Vielleicht sollte ich doch mal einen Blick in ein Traumsymbolbuch werfen. Oder mit Leo reden. Möglicherweise fällt ihm ja ein positiver Ansatz ein.

38. KAPITEL

Navimaus

Zuständig für die Mobilität in unserer Familie ist Claudia. Sie hat den Führerschein und folglich ist im Auto ihr Wort Gesetz. Außerdem ist sie eine gute Autofahrerin und kann problemlos einparken, wenn ich sie einwinke. Ansonsten bin ich lediglich bescheidener Beifahrer. Karten lesen gehört nicht zu meinen Stärken, dafür frage ich zwar nach dem Weg, verstehe bloß oftmals die Streckenbeschreibungen nicht. Das war der Grund dafür, dass meine Kapitänin der Landstraße auf die Idee kam, ein Navigationsgerät anzuschaffen. Die Gelegenheit, es auszuprobieren, sollte sich auch sofort ergeben: Claudia hatte beschlossen, ihre nicht ganz unvermögende Tante Magda in Freiburg zu besuchen.

»Das steht schon lange an«, sagte sie, »und man weiß ja nie, sie ist schon alt und gebrechlich, vielleicht ist es das letzte Mal, dass wir sie sehen können ...«

Sie lächelte verträumt.

Wir schafften also das Navigationsgerät an und beauftragten Simone, sich damit zu befassen. Simone ist bei uns für alles Technische verantwortlich, und ebenso benamt sie sofort alle Geräte – in diesem Fall hieß es Navimaus.

Als wir uns allerdings eines sonnigen Morgens frohgemut auf den Weg von Lindau, Bodensee, nach Freiburg machen wollten, beschlich Claudia ein plötzliches Misstrauen der Navimaus gegenüber. Das ist nichts Neues, Claudia kauft begeistert neue elektrische Geräte – jedenfalls, seitdem Simone die Programmierung übernimmt – , um dann doch lieber erst einmal beim Altvertrauten zu bleiben. Sie muss sich erst an den Gedanken gewöhnen, dass es jetzt neue Möglichkeiten gibt. Also blieb die Navimaus vorläufig ausgeschaltet, zudem ist die Strecke Lindau–Freiburg ziemlich schnörkellos und eigentlich langweilig: eine Strecke, die jedes anständige Navigationsgerät hoffnungslos unterfordern, geradezu beleidigen würde.

Der Fehler bestand diesmal vielleicht darin, dass Claudia allzu sehr an Magdas Hinweis »Richtung Stuttgart fahren« festhielt und jede Ausfahrt – etwa die Richtung Donaueschingen, die wir eigentlich hätten nehmen müssen – schlicht ignorierte. Aber das Wetter war schön, die Autobahn nicht allzu überfüllt, und misstrauisch wurden wir erst nach Stuttgart. Wir misstrauten weiter bis Heilbronn – schönes Städtchen, übrigens. Kurz vor Karlsruhe erinnerten sich Claudia und ich daran, dass die Stadt auch nicht unbedingt in unmittelbarer Nachbarschaft zu Freiburg liegt. Folglich beschlossen wir, einen Notruf an Tante Magda abzusetzen.

»Aber das ist doch ganz einfach«, flötete unsere Erbtante bei unserem Hilfeanruf bestens gelaunt ins Telefon, »ich fahre jetzt schon sechzig Jahre Auto, ich verstehe gar nicht, wie man sich von Lindau nach Freiburg verfahren kann. Und wie bitte, *wo* seid ihr gerade?« Danach erfolgte wieherndes Gelächter aus dem Handy.

Freiburg erreichten wir am späten Nachmittag. Als wir ausstiegen, flüsterte Jan: »Das kommt bestimmt alles bloß daher, weil die Navimaus eine Frau ist. Hört man ja schon.« Er flüsterte allerdings nicht so leise wie gedacht, folglich trug ihm die Bemerkung einen Rippenstoß von Simone ein und Claudias Erklärung, dass die Navimaus zwar eine weibliche Stimme habe, aber von Männern konstruiert sei, wobei sie mir einen verächtlichen Blick zuwarf.

Alles in allem war es ein kurzes Kaffeetrinken bei Tante Magda, die – wie seit achtzig Jahren schon – aussah wie das blühende Leben. Lange bleiben konnten wir nicht, da die Kinder am nächsten Tag in die Schule mussten. In zwei, drei kurzen Sätzen gab Magda Claudia eine Beschreibung des Rückwegs. Sobald wir allerdings im Auto saßen, sah mich Claudia irritiert an und fragte: »Hast du verstanden, was Tante Magda gemeint hat? Ich musste Jan gerade vom Kuchen wegzerren und hab nicht aufgepasst. Aber irgendwie klang es eigentlich ganz einfach.«

»Stimmt«, sagte ich. »Sehr einfach.« Claudia zog die Augenbraue hoch.

»Simone«, sagte sie dann, »stell dieses Navigationsgerät ein. Der kürzeste Weg von Freiburg nach Lindau, wenn ich bitten darf.«

Simone stellte ein, und so verließen wir gegen 19.15 Uhr deutschen Boden, um die schöne Schweiz zu erkunden. Die eigentlich notwendige Vignette für die geheiligten Schweizer Autobahnen hatten wir nicht, aber daran dachten wir erst später, nachdem uns die Route zuletzt bis in ein abgelegenes Industrieviertel der Stadt Zürich geführt hatte, da es uns mehrmals nicht gelungen war, rechtzeitig in den erforderlichen Zubringer einzufädeln. Nach einer kurzen Verschnaufpause steuerten wir erneut tapfer Richtung Deutschland – oder auf das, was das Navigationsgerät dafür hielt –, wobei Claudia eine heftige Auseinandersetzung mit der Navimaus hatte. Die eine wollte nach St. Gallen, die andere nach Winterthur; erst später stellte sich heraus, dass es sich um dieselbe Strecke handelte. Allerdings blieb uns mangels Alternative ohnehin nichts anderes mehr, als der Navimaus zu vertrauen, wozu uns Simone schon zuvor aufgefordert hatte. Das war allerdings, bevor sie anfing, die Navimaus – die im Übrigen selbst schon recht gereizt klang – wüst zu beschimpfen (hierbei mutierte das Gerät zur Naviratte), da sich bei uns allen immer mehr der Eindruck einstellte, ungebremst direkt nach Sizilien durchzustechen.

Nachdem wir jedoch die halbe Schweiz durchquert hatten, gelang es uns trotz allem, den schweizerischen Sicherheitskräften zu entfliehen, also ohne Vignette die Schweiz auch wieder zu verlassen: Wir wurden auf Schweizer Grenzseite schlicht durchgewunken. Vielen Dank noch mal dafür.

Claudias Versuch allerdings, dann auch die österreichische Grenze mit dem Ausruf »Ich fahre hier immer so!« zu durchbrechen, wurde von einem offenbar auf Krawall gebürsteten österreichischen Zöllner vereitelt, der sich dann sinnlos noch darüber aufregte, dass lediglich der Beifahrer (ich) in der Lage war, sich auszuweisen. Claudia gelang das grenzverkehrswidrigerweise nur durch ihren Führerschein, unsere Kinder blieben unlegitimiert. Obwohl Simone sofort und ungefragt anfing, jede Menge sicherheitsrelevanter Daten hervorzusprudeln, zeigte sich der Zöllner uneinsichtig und bot drei Alternativen an: Anzeige, Rückfahrt rund um den Bodensee (Schweiz? Vignette?) oder 75 Euro Strafe.

Claudia entwickelt großen Charme, wenn sie will. Ehrlich. Man muss aber verstehen, dass sie zu diesem Zeitpunkt bereits ein wenig abgekämpft war, möglicherweise auch etwas gereizt. Der Zöllner (ausstaffiert mit einer gigantischen militärisch-zöllnerischen Ballonmütze, um die ich ihn fast beneidete, weil ich an Fasching dachte) zeigte sich jedenfalls unbeeindruckt von ihren Versuchen, ihn zu bezirzen, selbst von dem einfallsreichen Angebot, die fehlenden Ausweise von zu Hause zu holen. Allerdings wäre das schwierig gewesen, da Simone (später) einfiel, dass ihr Ausweisbild verloren gegangen war und Jans Ausweis abgelaufen. Dafür hatte sie jedoch die plötzliche Erleuchtung, dass sie sich ja mit ihrer Buskarte dem Zöllner gegenüber ausweisen könne, und war nur schwer von ihrem Vorhaben wieder abzubringen.

Während Claudia verhandelte, beruhigte ich die Kinder – die sich bereits in einem Waisenhaus für Kinder schwer krimineller Eltern inhaftiert sahen – damit, dass ich über mein Verhalten an der Grenze philosophierte. Etwa, dass ich gleich hätte sagen sollen: »Okay, es waren fünf geile Jahre, aber jetzt habt ihr mich eben« oder »Ihr Schweine, lebend kriegt ihr mich nie!« – woraufhin Jan wieder etwas Farbe ins Gesicht bekam. Wir besprachen dann noch mein Ausweisfoto und meine Verwunderung darüber, dass ich deshalb nicht sofort aus dem Wagen gezerrt worden war; immerhin sieht das Bild aus, als sei ich Europas meistgesuchter Topterrorist. (»Wer ist denn das?«, fragte Jan sofort interessiert, was anzeigte, dass er wieder ganz auf der Höhe war, doch um ihm nicht zu nahe zu treten, blieb ich die Antwort schuldig.)

Währenddessen beobachtete ich aus dem Augenwinkel, wie Claudias sonst enormer Einfallsreichtum an der stumpfen Sturheit des Zöllners scheiterte. Zähneknirschend zahlte sie das Bußgeld. Als sie wieder ins Auto stieg, bildeten sich schlagartig Eiszapfen an der Wagendecke. Sinnbildlich natürlich nur.

Danach durchkreisten wir noch zweimal die Stadt Bregenz, zum einen aufgrund vergeblicher Versuche, uns rechtzeitig einzufädeln, zum anderen wegen anhaltender Auseinandersetzungen Claudias mit der Naviratte, da Letztere, vermutlich aus Rache, inzwischen darauf verfallen war, ihre Ansagen stets nur noch im allerletzten Moment zu machen. Einmal waren wir sogar sehr zielstrebig wieder zurück auf dem Weg zu unserem Lieblingszöllner, grüßten zum Schluss aber schon recht routiniert die romantisch illuminierte Burg dort. Zu unserem Glück trafen wir dann jedoch auf eine der zahllosen Lindauer Fabian-Mütter (in Lindau scheint jeder zweite Bengel Fabian zu heißen), die gemütlich mit vierzig Sachen Richtung Lindau zockelte.

»Häng dich bloß an sie ran«, ächzte ich, »die sieht so aus, als ob sie wüsste, was sie tut.«

»Was meinst du, was ich hier mache?«, fauchte Claudia zurück. Und so erreichten wir tatsächlich – diesmal angeführt von einer echten, lebendigen Navimaus (wie Jan sagte, der dafür einen erneuten, heftigen Rippenstoß von seiner Schwester bekam) die Insel Lindau im Bodensee.

Jetzt, könnte man meinen, hätte alles gut sein können – bloß war die Insel von Polizei umstellt. »Und ich hab wieder keine Papiere«, stöhnte Claudia, als sie die Belagerung sah. Ich zog mein Portemonnaie heraus und zählte schweigend 75 Euro ab. Aber diesmal hatten wir Glück: Eben war ein Fußballländerspiel zu Ende gegangen, und die Polizei hatte nur einen Autokorso auf der Insel verhindern wollen. Da wir Anlieger waren (ich konnte mich ausweisen), durften wir trotzdem weiterfahren. Es war spät am Abend.

Zu behaupten, wir würden immer so fahren, wäre gelogen. Aber ich gebe zu, dass ich auf den Fahrten mit Claudia schon viel mehr von unserem näheren und weiteren Umland, und, wie man sieht, auch von fremden Ländern kennengelernt habe, als ich je zu hoffen wagte. Am Anfang hat mich Claudias eigenwillige Zielfindung noch irritiert. Oder eigentlich: Ich konnte mich nur schwer damit abfinden, immer noch wenigstens eine Extrastunde darauf warten zu müssen, bis wir unser Ziel erreichten. Es stimmt auch, dass ich zu anderen Fahrgelegenheiten greife, wenn ich sicher weiß, dass ich irgendwo pünktlich sein muss. Doch andererseits bin ich viel herumgekommen und habe ganz neue Eindrücke von Städten und Dörfern gewonnen, die einem normalen Autofahrer – oder, in meinem Fall, Beifahrer – gewöhnlich verschlossen bleiben, wenn er bloß langweilig von A nach B fährt. Alles nur eine Frage der inneren Einstellung und persönlicher Interessen. Und schließlich: Im Auto ist es warm und es regnet nicht herein. Also lehne ich mich entspannt zurück, freue mich auf jede Fahrt mit ihren unverhofften und spannenden neuen Eindrücken und wappne mich nur für den unausweichlichen Fall, meinen Rohrspatz am Steuer ein wenig zu beruhigen, wenn wir zum dritten Mal die Ausfahrt verfehlt haben, die wir hätten nehmen müssen.

39. KAPITEL

Zeitmanagement

Vor einiger Zeit – und heute ist das in gewissen Kreisen immer noch so – war es Pflichtsatz, keine Zeit zu haben. Schon gar nicht für sich. Und natürlich bin ich wie jeder andere Lemming auch dieser Mode gefolgt. Ich hatte auch nie Zeit für irgendwas und musste immer etwas anderes tun, wobei ich zu nichts kam. Vom Leben gebeutelt und geknechtet, ja schon, aber irgendwie auch wieder wichtig und unverzichtbar. Unersetzlich. Das gibt einem dann doch ein gutes Gefühl.

Doch im Grunde ist das verlogen, wenigstens, was Männer angeht. Männer haben gewaltige Zeitressourcen, nämlich die, die ihnen ihre Frauen verschaffen, indem sie sie warten lassen. Als mir – bei einer unserer Autofahrten irgendwo im Nichts – aufgegangen ist, welche Möglichkeiten ich durch Claudia (und Simone!) eigentlich habe, kam ich mir plötzlich, so rein vom Zeitmanagement her, beinahe vor wie im Schlaraffenland. Wozu eigentlich doof herumstehen und herumsitzen, wenn ich die ganze elende Warterei nutzen kann für Besseres?

Natürlich muss man auch da ein paar Dinge beachten, aber im Grunde ist es ein Kinderspiel. Wenn Claudia – oder Simone – also ankündigt, dass wir jetzt, jetzt! gleich losgehen können, werfe ich mich, sozusagen, in Hut und Mantel. Ich bin sofort ausgehfertig und gehe damit dem Vorwurf aus dem Weg, dass man immer, aber auch immer auf mich warten muss. Dann setze ich mich in meine gemütliche Leseecke im Flur. Hier habe ich mir inzwischen (richtig, während diverser Wartezeiten nämlich) eine Bibliothek eingerichtet und ackere mich durch diverse Bände, während Claudia gleich fertig ist und Simone sich nur eben noch kurz schminken muss. Dazu laufen im Hintergrund alle Beethoven-Symphonien von eins bis neun durch.

Es ist eben so: Wenn man sich mit dem Unabänderlichen arrangiert, statt sinnlos dagegen anzukämpfen (was beide Seiten nur unnötig stresst), eröffnen sich einem unvermittelt neue Möglichkeiten. So plane ich etwa derzeit einen Anbau an unser Haus, und während ich mich früher blöderweise noch gefragt habe, wann um Himmels willen ich die Sache realisieren soll (woran das Projekt regelmäßig gescheitert ist), sehe ich dem jetzt mit neuer Gelassenheit entgegen. Manchmal hat man halt ein Brett vor dem Kopf.

Unterwegs ist ein dickes Notizbuch für mich unerlässlich geworden. Zwei meiner Romane sind sogar zur Gänze vor Theatern und Kinos, in Kaufhäusern, Schuhgeschäften, Parfümerien und im Auto entstanden. Aber auch für meine esoterische Seite konnte ich etwas tun, als mir der Zenmeister einfiel, der sagte, dass man immer und überall meditieren kann – inzwischen stehe ich fraglos knapp vor dem Durchbruch zur Erleuchtung.

So ganz nebenbei habe ich überdies ausgefeilte Pläne für eine Sekte entworfen, mit der ich armen verwirrten Seelen das Geld aus der Tasche ziehen und so Millionen scheffeln kann, falls mir mal danach ist. Andererseits ist so auch bereits ein ausführliches Grundsatzprogramm für eine neue Partei entstanden, von der ich sicher bin, dass sie dereinst die politische Landschaft der Bundesrepublik nachhaltig verändern wird. Irgendwann werde ich dann Kanzler mit einem ausschließlich weiblichen Kabinett, und alle Ministerinnen müssen auf mich warten, ganz zu schweigen von meinen weiblichen Wählerinnen, die so was ja aber sowieso schon von allen Parteien her gewöhnt sind. Und wehe den Ländern, die dann gerade weibliche Staatschefs haben …

Das sind Aussichten.

Abgesehen davon, habe ich gelernt, im Stehen mit offenen Augen und einem Lächeln auf dem Gesicht zu schlafen und blitzartig wieder wach zu sein, wenn mir meine Konsumterroristin mit einem freudigen »Da bin ich schon wieder, ging doch schnell, oder?« aus dem jeweiligen Geschäft entgegenschwebt.

Aber all das ist noch längst nicht alles. Ich habe schließlich auch meine Kontaktscheu überwunden und spreche nun wahllos andere wartende Männer an, um mit Schachspielen und Pokerturnieren die Zeit zu überbrücken. Wunderbare Freundschaften sind auf die Weise bereits entstanden, und mein Freundeskreis – quer durch alle sozialen Schichten – hat sich erheblich vergrößert.

Claudia findet, dass ich irgendwie ausgeglichener geworden bin, und neulich Nacht – das war etwa gegen zwei Uhr – ließ sie in einem Nebensatz sogar einfließen, dass immerhin das unserer Beziehung durchaus guttäte.

Nach allem bin ich vielleicht nicht weiser geworden, aber doch flexibler. Das ist schließlich auch schon was, oder? Und, ich geb's zu, all das habe ich bloß Frauen zu verdanken. Es ist wahr. Man lernt nie aus.

40. KAPITEL

Was bleibt

Das Manuskript lag fertig auf dem Schreibtisch, und ich wartete wie üblich auf den Rückruf meiner Lektorin. Inzwischen surfte ich ein bisschen im Internet, und als Spiel gab ich meinen Namen bei einer bekannten Suchmaschine ein. Dann erschrak ich, denn ich las: »Moritz Petz, Kinderbuchautor. Moritz Petz ist das Pseudonym von …«

»Claudia?!«, rief ich.

Als sie kam, zeigte ich auf den Monitor. »Lies das«, sagte ich mit zitternder Stimme. Claudia las und wurde bleich.

»Ein Pseudonym? Du bist ein Pseudonym?«

»Es sieht ganz so aus«, sagte ich düster.

»Mein Gott.«

Sie ließ sich in den Sessel fallen, der neben meinem Schreibtisch steht und in dem sie oft liest oder Sudokus löst, während ich arbeite.

»Das … das würde bedeuten …«, begann sie zögernd, »… dass es mich gar nicht gibt«, vollendete ich den Satz.

Wir sahen uns an.

»Aber dann gibt es mich auch nicht! Vor allem, unsere Kinder nicht.«

»Alle unsere Freunde nicht.«

»Und dein Manuskript – das existiert dann ebenfalls nicht? *Warten auf Frauen*?«

»Ich habe keine Ahnung. Nein, wahrscheinlich nicht, wie soll ein Manuskript von jemandem existierten, den es nicht gibt?«

»Deine ganze Arbeit umsonst«, sagte Claudia traurig.

Ich trommelte nervös mit den Fingern.

»Sieht so aus. Schließlich, wie soll der Verlag ein Buch veröffentlichen, das niemand geschrieben hat?«

»Wahrscheinlich bist du als Pseudonym nicht einmal geschäftsfähig«, fiel Claudia, praktisch wie immer, ein. »Das heißt – kein Buch, kein Vertrag, kein Geld. Wie sollen wir das machen? Nur von meinem Einkommen können wir auch nicht leben.«

Sie sprang wieder auf und tigerte im Zimmer auf und ab.

»Nun ja«, sagte ich philosophisch, »nichts bleibt … Außer, dass Männer immer auf Frauen warten werden.«

»Das ist wieder typisch«, sagte sie und stemmte die Hände in die Seiten, »du denkst bloß an deine Arbeit. Alles andere ist dir egal.«

»Also bitte, ganz so ist es nicht.«

Claudia schüttelte nachdenklich den Kopf.

»Und dabei hatte ich mir schon selbst überlegt, ein Buch zu schreiben. *Warten auf Männer*. Mein Gott, die ersten fünfhundert Seiten habe ich schon fix und fertig im Kopf. Aber das ist ja hinfällig geworden, wenn man es konsequent betrachtet. Wahrscheinlich wird sich jetzt irgendeine doofe Nuss an die Arbeit machen, um eine alberne Antwort auf dein Buch zu schreiben. Und noch glauben, sie wäre originell damit. Es ist doch zum Verrücktwerden. Ich kann es nicht mal lesen und darüber lachen, weil es mich nicht gibt.«

»Na ja. Immerhin warst du an *Warten auf Frauen* auch ein bisschen beteiligt.«

»Ein bisschen? Dass ich nicht kichere. Was hättest du ohne mich gemacht? Ohne unsere Shoppingtouren, zum Beispiel? Du hättest nicht einmal ein Thema gehabt.«

»Ein Mann, der nicht existiert, braucht auch kein Thema.«

»Du redest dich immer irgendwie heraus. Immer.«

»Also, was schlägst du vor? Was machen wir?«

»Wir müssen mit den Kindern reden. Es ihnen sagen. Wir müssen ihnen schonend beibringen, dass es sie nicht gibt.«

Ich dachte nach.

»Das wird ihnen gefallen, wie ich die beiden kenne«, sagte ich dann. »Keine Schule mehr, keine Hausaufgaben … sie können tun und lassen, was sie wollen … strecken alle viere von sich und werden vor dem Fernseher völlig verblöden.«

Claudia blieb stehen.

»Du hast recht. So geht es nicht. Die beiden verbauen sich noch ihre Zukunft. Nein. Weißt du was? Wir sagen es ihnen nicht. Vielleicht ist es sowieso am besten, wir behalten es ganz für uns. Dann schreibst du eben weiter Bücher, die nie existieren werden. Und ich gehe weiter in die Firma, werde für dieselbe Arbeit schlechter bezahlt, mache Karriere, erziehe die Kinder, kümmere mich um den Haushalt, gehe ins Fitnessstudio, halte unsere sozialen Kontakte aufrecht, organisiere nebenbei unseren Alltag, sehe bei allem fantastisch aus und wirke völlig entspannt.«

Sie ließ sich wieder in den Sessel fallen und seufzte.

»In Ordnung«, sagte ich großzügig. »Machen wir es so. Für unsere Kinder. Sonst wird's nur unnötig kompliziert. Es ist die Einfachheit im Leben, die zählt.«

Dabei ist es geblieben. Mit Rücksicht schon auf unsere Kinder gewiss nicht die schlechteste Lösung – obwohl ich wie eh und je auf Frauen warte und darüber alt und grau werde. Zum Trost versuche ich jedoch daran zu denken, dass ich damit nicht allein bin. Selbst jetzt, in diesem Moment, stehen wieder Hunderte, Tausende Männer weltweit herum, treten von einem Fuß auf den anderen, dampfen schon aus den Ohren und warten, warten, warten …

Das Warten auf Frauen sagt:
Ich war
Ich bin
Ich werde sein.

Schöne Aussichten:
Nachgefügtes zum Troste

Ich will noch etwas loswerden. Okay, es hat sich nun doch irgendwie alles in Luft aufgelöst, meine Familie und sogar ich mich selbst. Aber deshalb – und egal wie spaßig oder nicht – bleiben ein paar Dinge doch wahr (jeder wird irgendetwas Wahres finden und den Rest für ganz abstrus halten; und bei jedem wird es etwas ganz anderes sein – sodass letztlich dann doch wieder alles wahr, oder doch wieder alles ganz abstrus ist).

Doch egal wie, Jungs, es gibt nicht nur Trost. Es gibt darüber hinaus auch die Aussicht auf rosige Zeiten. Darauf gekommen bin ich allerdings erst durch meinen Großvater, und ich überlasse es jedem selbst zu glauben, ob der wohl wenigstens echt ist oder auch bloß ausgedacht. Jedenfalls, als ich ihm von *Warten auf Frauen* erzählte, sagt er:

»Enkel, mir scheint, als hättest du da wahre Pionierarbeit geleistet. Ich bin stolz auf dich. Allerdings kommt es mir so vor, als hättest du ein wenig resigniert. Als fehlte dir trotz deines Humors der positive Ansatz.«

Während ich mich frage, ob er eigentlich Leo kennt und wenn ja, woher, fährt er fort.

»Es kann ja sein, dass ein Mann im Leben eine Menge Zeit verplempern muss, die er eigentlich gar nicht hat. Und natürlich hast du recht, wenn du sagst, dass es dann letztlich auf die eigene Einstellung dazu ankommt. Aber: Die Dinge im Leben wandeln sich. Auch das Warten, stell dir vor. Ganz real. Und ganz greifbar.«

»Wie jetzt?«, frage ich erstaunt. Ist mir vielleicht etwas Entscheidendes entgangen? Haben sich weltweit Frauen, von mir unbemerkt, dazu durchgerungen, auf das Wartenlassen zu verzichten, und das dann auch noch zuerst bei meinem Großvater angemeldet? War ich vielleicht betriebsblind? Gibt es etwa noch Hoffnung?

»Ist doch ganz einfach«, sagt mein Großvater mit zufriedenem Lächeln. »Du musst nur alt werden.«

»Aha«, erwidere ich irritiert, während er, der große altersweise Mann, seine Überlegenheit genießt.

»Ja … das Alter bringt es nämlich mit sich, dass sich die Sicht der Damen auf Männer ein klein wenig ändert, und damit auch ihr Verhalten. Das hängt gerade damit zusammen, dass sie älter werden als Männer. Nimm dir mich zum Beispiel.«

»Nämlich?«

»Junge, also manchmal … du bist doch sonst nicht so begriffsstutzig. Es ist doch ganz klar. Je älter du wirst, desto mehr wirst du als Mann zur Mangelware. Links und rechts fallen die Kerle wie die Fliegen um, du dagegen hältst gnadenlos durch. Und damit wirst du etwas Seltenes und äußerst Wertvolles, was in sich schon geradezu unwiderstehlich ist. In meinem Alter jedenfalls bist du etwas ganz Erstaunliches, bloß deshalb, weil du dich noch auf den Beinen hältst, auch wenn du einen Stock dazu brauchst. Und Frauen sind in keinem Alter gern allein.«

»Ach so«, sage ich gedehnt. Langsam dämmert es mir.

»Ja«, sagt er und reibt sich vergnügt die Hände. »Ich bin in meinem ganzen Leben noch nie so begehrt gewesen wie jetzt – von deiner Großmutter, Gott hab sie selig, mal abgesehen. Die Damen reißen sich sogar ein wenig um mich. Ausgerechnet. Ich war ja früher nie ein Womanizer. Aber seit ein paar Jahren hat sich das geändert.«

Da schau her, denke ich. Führt der Mann tatsächlich ein Doppelleben! Jetzt kommt's heraus! Deshalb also hat er oft keine Zeit, wenn Claudia und ich ihn besuchen wollen, was wir tatsächlich gern tun. Immer ist er irgendwie beschäftigt oder nicht erreichbar und man kann sich nur mit seinem Anrufbeantworter unterhalten.

»Siehst du, Enkel«, meint er gelassen, »es kommt nur auf das Durchhalten an. Dass du als Mann das schaffst und nicht einfach tot umfällst, dafür allein schon wirst du bewundert. Genetisch gesehen musst du dann schon ziemlich fit sein, oder? Und Frauen in jedem Alter mögen Männer schließlich, selbst wenn sie auf ihnen herumhacken. Das ist bloß Getue. Außerdem, die Damen in meiner Altersklasse mutieren dann doch wieder zu den Mädchen von damals, was ziemlich niedlich ist. Ich kann dir sagen … na, der Gentleman schweigt und genießt.«

»Okay – aber was hat das jetzt mit dem Warten zu tun?«

Er fasst sich an den Kopf.

»Moritz Petz«, sagt er streng, »muss ich dir wirklich alles vorbeten? Es versteht sich doch von selbst! Die Mädels bekommen mit zunehmendem Alter einfach einen anderen Begriff von Zeit. Besonders, was Männer und deren Zeitreserven angeht. Je älter sie werden, desto mehr beeilen sie sich und desto weniger lassen sie dich warten. Und nicht bloß aus Rücksicht auf mögliche Gebrechlichkeit. Kann ja schließlich sein, dass du es zu einem verabredeten Stelldichein gar nicht mehr schaffst. Aber so ein nettes Kaffeetrinken oder den Spaziergang am See mit einem Mann wollen sie doch gern mitnehmen. Vielleicht rufen sie sogar kurz vorher an, um zu hören, ob du noch schnaufst.«

Er grinst breit.

Also irgendwie … überläuft es mich ja ein bisschen kühl. Andererseits allerdings scheint ihm – und wahrscheinlich auch seinen Mädels, wie ich ihn kenne – die ganze Sache Spaß zu machen. Vielleicht muss ich erst in sein Alter kommen, um das beurteilen zu können. Falls ich das schaffe.

»Und glaub mal nicht, dass wir in unserem Alter nicht auch unser Vergnügen hätten. Manchmal komme ich mir vor wie früher auf Klassenreise«, schwärmt er. »Und dazu wirst du noch gehegt und gepflegt und betüddelt. Sie bringen dir Essen vorbei, spielen mit dir Karten, schauen sich Filme mit dir an, sorgen sich um dich, machen es dir bequem und amüsieren sich bestens mit dir. Hier ein Gläschen Sekt und da ein bisschen Gekicher. Sie sind immer pünktlich und kommen nie zu spät, oft sind sie sogar schon vor dir da und gucken dann mit dieser leichten Besorgnis. Und das alles schon allein deshalb, weil du der letzte lebende Kerl bist, den sie kennen. Um das zu erleben, musste ich erst mal älter als Methusalem werden. Aber ich sag dir was – im Leben gibt es eben doch oftmals Belohnungen, mit denen du gar nicht gerechnet hast.«

So ganz, gebe ich zu, glaube ich ihm seine Theorie ja nicht. Vermutlich muss man doch auch freundlich und ein wenig ein Charmeur wie er sein, um es sich so hübsch einrichten zu können. Ich gebe aber zu, dass ich ihm die Sache gern glauben *würde*. Obwohl es mir vollauf genügen würde, wenn mich nur Claudia dann noch betüddelt. Doch, ja, die Sache hat was, schon allein die Vorstellung, wie Claudia eilig mit ihrem Stöckchen an der Hand (dann wahrscheinlich irgendetwas Ultramodernes, Stylisches, in Pink oder Neonblau, von ihr im Internet bestellt) durch die Wohnung gehoppelt kommt, um mir das Kissen im Rücken zu richten. So in der Art. Und dabei lächelt sie noch glücklich, weil es mich überhaupt noch gibt. Und natürlich wird ihr mein Schlaf dann ein Heiligtum sein, und Sprossen und Diätmampfe sind längst passé ...

Yes! So soll es sein.

Also, Jungs – durchhalten!

Nutzen Sie Ihre Wartezeiten!

Führen Sie *Warten auf Frauen* stets mit sich. Lassen Sie sich trösten und anregen – Sie warten nicht allein, selbst wenn es Ihnen gerade so vorkommt.

Hören Sie auf, sinnlos herumzustehen / zu sitzen und verzweifelt zu gucken. Tun Sie etwas Praktisches, Sinnvolles, während Sie auf Ihre Jadeblüte warten. Lösen Sie Ihre Probleme – hier ist der Platz für Sie, um sich Notizen dazu zu machen. Wenn Sie keine Probleme haben (außer den elenden Wartezeiten), dann lösen Sie die Probleme anderer. Haben die auch keine, dann machen Sie Ihnen welche, um sie dann zu lösen. Sind Sie damit durch, lösen Sie die Weltprobleme. Davon gibt es reichlich. Die besten Ideen kommen ganz unvermutet – halten Sie sie fest! Vielleicht springt gar noch der Nobelpreis dabei für Sie heraus. Das haben Sie dann Ihrer Frau zu verdanken, die Sie warten ließ. Und natürlich *Warten auf Frauen*, dem Buch, das Ihnen Raum für Ihre Gedanken gelassen hat. Viel Glück und – nicht aufgeben!

Hier ist Platz für Ihre Wartenotizen:

Hier ist Platz für Ihre Wartenotizen:

Hier ist Platz für Ihre Wartenotizen:

DER AUTOR

Sowohl unter eigenem Namen als auch unter Moritz Petz hat Udo Weigelt bereits einige erfolgreiche Kinderbücher veröffentlicht, die in viele Sprachen übersetzt worden sind. Weigelt, 1960 in Hamburg geboren, studierte Germanistik und Geschichte in Kiel und Hamburg und lebt seit 2003 am Bodensee.

Moritz Petz
WARTEN AUF FRAUEN
Eine Liebeserklärung an einen untragbaren Zustand
Mit Zeichnungen von Jana Moskito

ISBN 978-3-86265-061-3
© Schwarzkopf & Schwarzkopf Verlag GmbH, Berlin 2011

Lektorat: Maren Konrad

KATALOG
Wir senden Ihnen gern kostenlos unseren Katalog.
Schwarzkopf & Schwarzkopf Verlag GmbH
Kastanienallee 32, 10435 Berlin
Telefon: 030 – 44 33 63 00
Fax: 030 – 44 33 63 044

INTERNET | E-MAIL
www.schwarzkopf-schwarzkopf.de
info@schwarzkopf-schwarzkopf.de